测绘地理信息科技出版资金资助
《中国图书馆分类法》专业分类表系列

测绘学专业分类表

（第二版）

Special Classification for Surveying and Mapping
(Second Edition)

《中国图书馆分类法》编辑委员会
《中国图书馆分类法·测绘学专业分类表》编委会 编

测绘出版社
·北京·

ⓒ《中国图书馆分类法》编辑委员会　2017

所有权利(含信息网络传播权)保留,未经许可,不得以任何方式使用。

内 容 简 介

本书是在1995年出版的《中国图书馆图书分类法·测绘学专业分类表》的基础上,根据测绘科学技术的发展,通过科学、系统、深入、细致的调查论证和分析研究,充分采用借鉴现代分类法编制方法,针对第一版存在的不适应的问题进行补充、调整、修改,以便符合测绘专业及相关专业文献信息组织、管理、服务需求,使其成为科学实用的分类表,它是《中国图书馆分类法》专业分类表的重要组成部分。

作为测绘地理信息及相关文献分类标引的工具书,可供从事测绘地理信息工作的科研技术人员及大专院校的师生查找文献参考使用。

图书在版编目(CIP)数据

测绘学专业分类表／《中国图书馆分类法》编辑委员会,《中国图书馆分类法·测绘学专业分类表》编委会编.—2版.—北京:测绘出版社,2017.6
　ISBN 978-7-5030-3184-7

　Ⅰ.①测… Ⅱ.①中… ②中… Ⅲ.①测绘学—中国图书馆图书分类法 Ⅳ.①G254.123

中国版本图书馆CIP数据核字(2017)第117378号

责任编辑	巩　岩	封面设计	李　伟	责任校对	孙立新	责任印制	陈　超
出版发行	测绘出版社			电　　话	010—83543956(发行部)		
地　　址	北京市西城区三里河路50号				010—68531609(门市部)		
邮政编码	100045				010—68531363(编辑部)		
电子信箱	smp@sinomaps.com			网　　址	www.chinasmp.com		
印　　刷	北京京华虎彩印刷有限公司			经　　销	新华书店		
成品规格	169mm×239mm						
印　　张	8.5			字　　数	163千字		
版　　次	1995年8月第1版 2017年6月第2版			印　　次	2017年6月第2次印刷		
印　　数	1001—1800			定　　价	45.00元		
书　　号	ISBN 978-7-5030-3184-7						

本书如有印装质量问题,请与我社门市部联系调换。

编委会专家顾问成员

主任：胥燕婴

委员：陈俊勇　李德仁　高　俊　宁津生　王家耀
　　　　　杨元喜　张继贤　李建成　李　莉　孙万民
　　　　　陈永奇　王晏民　洪立波　张　坤　程鹏飞
　　　　　翟国君　文汉江　李广云　范大昭

《中国图书馆分类法·测绘学专业分类表》（第二版）编委会成员名单

指导专家：卜书庆

主　　编：周　琪

副 主 编：华玉民　刘　阳

编　　委：廖祥春　陈爱群　李国建　张丽萍　马　兰
　　　　　　杨秋红　李　晋　赵俊红　夏素敏　李　莹
　　　　　　汪　凌　沈　颖

前　言

《中国图书馆分类法·测绘学专业分类表》(以下简称《测绘学专业分类表》)系在国家图书馆《中国图书馆分类法》(以下简称《中图法》)编委会指导下,由中国测绘科学研究院负责组织测绘行业有关专家、学者组成《测绘学专业分类表》编委会,根据《中图法》编制原则和《中图法》专业分类法(表)及专门版本的编制规定,在《中图法》第五版基础上,对《测绘学专业分类表》(第一版)的"P2 测绘学"类目及相关类目进行修订、扩充、调整而成。现经《中图法》编委会审定通过,公开出版。

为满足专业文献分类需求,《中图法》编委会自 20 世纪 90 年代决定在《中图法》体系结构、标记符号等保持一致的编制原则上,编制出版专业分类法。1995 年,编制出版了《测绘学专业分类表》第一版。专业分类表的出版对增强《中图法》专业文献分类适应性、权威性、文献分类统一性及分类检索互操作性都具有重要意义。

《测绘学专业分类表》属《中图法》专业系列版本之一,其著作权、使用规则解释权,以及修订权属国家图书馆《中图法》编委会所有。

《中国图书馆分类法》编辑委员会
2017 年 3 月

目 次

第二版编制修订说明 ··· 1
测绘学专业分类表(第二版) ··· 10
相关相邻学科类目表 ··· 21
通用复分表 ·· 78
 一、总论复分表 ·· 78
 二、世界地区表 ·· 83
 三、中国地区表 ·· 98
 四、国际时代表 ·· 101
 五、中国时代表 ·· 103
 六、世界种族与民族表 ·· 106
 七、中国民族表 ·· 120
 八、通用时间、地点和环境、人员表 ·· 123
参考文献 ··· 127
编后记 ·· 128

第二版编制修订说明

一、编制修订目的和适用范围

《中国图书馆分类法》(简称《中图法》)是我国图书馆界和科技信息单位广为采用的综合性文献分类法,在我国科技信息的标准化建设中发挥了重要的作用。

《测绘学专业分类表》(简称《分类表》(第一版))1995年正式出版,是较早出版的《中图法》系列专业分类表之一,是测绘地理信息行业类分测绘学文献的标准。其基本原则和方法,适用于我国测绘学文献的分类标引、目录组织和文献检索,是我国测绘地理信息行业图书馆和科技信息单位类分测绘学文献时共同遵守的准则。自出版以来,《分类表》(第一版)较好地适应和满足了测绘文献信息资源组织、管理工作的专业特殊需要,在测绘科技信息事业中发挥了重要作用。

然而,《分类表》(第一版)出版至今已20余年。在此期间,测绘地理信息科学技术本身乃至其使用的信息环境、技术环境、社会环境都发生了巨大变化。尤其是测绘地理信息科学技术的发展,测绘地理信息科学文献数量激增,相关学科文献大量交叉渗透,测绘地理信息科学新事物、新概念、新知识、新理论、新技术、新方法、新学科、新成果、新发现层出不穷。《分类表》(第一版)原有的一些类目、类名、注释已不能满足国内图书文献机构对测绘地理信息学科文献进行组织、管理和向读者用户开展检索服务的需要。为此,亟须对《分类表》(第一版)进行全面修订。

二、编制修订指导思想

遵从《中图法》基本体系结构与编制原则,在《中图法》(第五版)和《分类表》(第一版)的基础上,根据测绘科学技术的发展,通过科学、系统、深入、细致的调查论证和分析研究,借鉴现代分类法编制方法,针对《分类表》(第一版)存在的不相适应的问题进行补充、调整、修改、完善,使其更符合当代测绘专业技术发展及相关专业文献信息组织、管理、服务需求。

三、编制修订原则

《分类表》的修订工作遵循《分类表》(第一版)编制的基本原则,即分类体系和标记符号的编制与《中图法》保持一致,采用列举式分类体系及大类序列不变、字母-数字混合制的标记符号和层累小数制的标记制度不变,坚持以科学分类为基础,同时结合测绘学文献特点及行业适用性原则。另外,针对《分类表》(第一版)存

在的问题及应用前景,确立如下修订原则:

(1)维持《分类表》(第一版)二级类目基本不变,二级类目的类名与次序基本不变。仅对确有需要的二级大类体系调整完善,做重点修订。其他大类重点补充新学科、新事物、新主题等。

(2)维持《分类表》(第一版)类目的细分程度,但视文献保障程度,适当调整类目深度,遵循适用、够用、粗细适当的修订原则。

(3)修订时,应充分利用分类法修订的各种方法,如设置类组类目、参见类目、交替类目,以及多重列类法、沿革注释法、局部结构调整等方法,在解决新主题的类目设置问题的同时,尽量减少修订对文献改编的影响,保障用户从旧版平稳过渡到新版。

(4)类名使用规范化的专业名词术语,尽量与《测绘学名词》《测绘学叙词表》等名词术语保持一致。

四、立类标准

《分类表》的每一个类目都是一个特定的主题概念,表达一定科学知识的内涵和外延。《分类表》通过科学分类体系序列编制类目,容纳大量的文献,成为分类标引、文献检索和组织文献分类排架的工具。《分类表》在编制修订过程中,对于测绘学各分支学科知识范围是否立类(设置类目),一般遵循下列原则:

(1)文献保证原则。文献保证原则是立类的客观性原则,所立类目具有一定数量的关于该事物的文献。

(2)稳定性原则。类目设置既要保持相对稳定性,又能反映测绘地理信息学科的发展。

(3)发展的原则。列类时考虑了新理论、新技术、新方法的出现,并留有发展余地。

(4)概念清晰原则。类目的确立具有独立的检索意义,词意准确、概念清楚,并具有限定含义。

五、类目划分

《分类表》的类名通过概念的划分与概括而建立,通过逻辑分类和系统排列,形成一个严密的概念等级分类体系,显示各种文献主题在类表中的位置及隶属、平行关系。《分类表》的类目划分贯彻从总到分、从一般到具体、从简单到复杂、从理论到实践的划分原则。

(1)选择事物本质的、最具有检索意义的属性作为分类的主要标准,如:

P231　　航空摄影测量
P231.3　　模拟法测图

P231.4 　　解析法测图

P231.5 　　数字化测图

以上分类中,是按照该学科由模拟转向解析,以及由解析转向数字化的发展过程而分的,而不是按照内业、外业等生产过程中的工种而分的。

(2) 允许不同标准的分类并立,如:

P225 　　电磁波测距和基线测量

P225.1 　　无线电测距

P225.2 　　光电测距

P225.3 　　微波测距

P225.5 　　相位法测距

P225.6 　　脉冲法测距

P225.8 　　基线测量

电磁波测距是进行基线测量的技术之一。按照采用的波长不同,电磁波测距可分为无线电测距、光电测距和微波测距三类;按照测距原理,可分为相位法测距和脉冲法测距两类。

《中图法》分类原则允许不同标准的分类并立。

(3) 在进行类目划分时,基本遵循逻辑划分的规则,即这种划分是逐级次第进行的。在同一层次的划分阶段中,一般只使用一个划分标准,以保证划分后的子目互相排斥,外延不相交,如:

P228 　　卫星大地测量与空间大地测量

P228.1 　　卫星定位

P228.3 　　卫星测高

P228.4 　　卫星导航系统

P228.41 　　原理与定位技术

P228.42 　　接收机

P228.43 　　数据的获取与处理

P228.49 　　卫星导航系统的应用

P228.5 　　星体测距

(4) 考虑某些类目具有从多个属性论述的文献,为了易于分类和增加检索途径,在编制修订《分类表》时,有选择地采用了多重列类法,如:

P223.1 　　绝对重力测量　　按使用仪器与测量方法分

P223.2 　　相对重力测量

P223.3 　　陆地重力测量　　按测量的位置分

[P223.39] 　　海洋重力测量

P223.4 　　航空重力测量

P223.5　　卫星重力测量

（5）类目划分时力求全面，以保证列类的完整。当不可能全面列举或无须全面列举所有类目时，一般在列类最后编制"其他"类，用于容纳尚未列尽的内容。

六、修订重点

1. 类目修订总体情况

本次修订在《分类表》（第一版）的基础上，集合武汉大学图书馆信息分馆、信息工程大学图书馆、西安测绘研究所资料室、海军海洋测绘研究所资料室、测绘出版社科技教育出版分社和中国测绘科学研究院测绘科技信息中心等全国测绘科技信息单位专家，结合国内各单位测绘文献工作的实际，广泛征求了测绘学各专业专家的意见，充分考虑了测绘科学技术现代发展的成果，在《中图法》（第五版）的框架下，针对《分类表》（第一版）存在的问题进行了补充、调整、修改。《分类表》第一版、第二版的类目数量，以及本次修订工作成果中各级类目及注释的修订情况如表1所示。

表1　修订类目与注释数量

	第一版类目数	第二版类目数	修改	新增	删除
二级类目	10	10	2	0	0
三级类目	58	65	16	8	1
四级类目	90	120	22	37	7
五级类目	10	18	3	8	0
各级注释	—	—	25	53	9

其中，新增类目中含新增交替类目3个，修改类目中含2个使用类目改为交替类目，1个交替类目改为使用类目。除以上修订内容外，还纠正第一版错误4处。

2. 关于地理信息系统的列类问题

教育部颁布的《学位授予和人才培养学科目录（2011年）》部分列类如下：

0705 地理学
070501 自然地理学
070502 人文地理学
070503 地图学与地理信息系统
0816 测绘科学与技术
081601 大地测量学与测量工程
081602 摄影测量与遥感
081603 地图制图学与地理信息工程

国家标准《学科分类与代码》（GB/T 13745—2009）中列类如下：

170 地球科学

170.40 地图学
420 测绘科学技术
420.30 地图制图技术
420.3010 地图投影学
420.3020 地图设计与编绘
420.3030 图形图象复制技术
420.3040 地理信息系统

测绘学名词审定委员会修订的《测绘学名词》(第四版)确定：04 地图学、05 地理信息工程两个大类。

通过调研分析,原有《分类表》(第一版)中"地理信息系统"仅作为"P208 测绘数据库与信息系统"的注释呈现,已经不能满足其在现代测绘学科发展中的学术地位,但如果单独列类,又将影响图书馆对图书文献进行的分类排架。本着尽量减少修订对文献分类改编影响的原则,考虑地理信息系统是项通用的技术,而不是学科,此次修订将原有类目"P208 测绘数据库与信息系统"改为"P208 测绘数据库与地理信息系统",在类名中突出强调"地理信息系统",删除原有注释,按照《中图法》(第五版)增加细分。

3. P21 普通测量学、地形测量学"类目的修订

(1)将"P212 罗盘仪与其他半仪器测量"改为"P212 简易测量仪器测量"。随着测绘科学与技术的现代发展,原来应用的罗盘仪已经基本淘汰,所谓"半仪器"也定义不清,故统称为"简易测量仪器",简明易懂,并修改注释,增加手持导航定位仪等仪器,体现现代简易测绘仪器的发展。

(2)普通测量学的基本工作包括距离测量、角度测量、高程测量和测绘地形图。原 P21 分类中未列出角度测量。鉴于角度测量的主要仪器是经纬仪,平板仪测图现已被其他测量仪器所取代,将"P213 经纬仪测量、平板仪测量"改为"P213 角度测量",经纬仪测量作为注释入此类目,平板仪测量改为平板仪测图入 P217 注释。

(3)将"等外导线测量"改为"导线测量",作为原有文献的导引,增加注释。"等外导线测量"宜用"普通导线测量",对应于原"P221.4 等级导线测量"(精密导线测量)。鉴于 GPS 出现后,导线测量方法目前在大地测量应用中已经基本不采用,故将"P214 等外导线测量"改为"P214 导线测量",同时将"P221 平面控制测量"的下位类删除。

(4)将"P216.1 经纬仪高程测量"改为"P216.1 三角高程测量",包括现在普遍采用的全站仪高程测量都是三角高程测量。作为原有文献的导引,增加注释。

(5)增加"P216.3 全球导航卫星系统(GNSS)高程测量"。全球导航卫星系统(GNSS)高程测量是近年来普遍使用的一种高程测量方法,增加注释"GPS 高程测量入此",起到导引功能。

(6)将"P217 地形测绘和地形图测绘"改为"P217 地形图测绘"。地形测绘包括地形测量和地形图测绘,两个概念间有交叉重复,修改类名以免重复,因为地形测绘目的是地形图测绘。

原注释中,碎部测量与地形测图、平板仪测图、白纸测图等词汇为互称概念。其中,碎部测量在测绘工作中最为常用,它们在知网中的检索词频都较高,为避免混乱,在注释中标出。

4.关于导航定位列类问题

近年来,导航定位应用日趋广泛,从外层空间,到陆地海洋,从军事、经济活动,到人类社会生活,遍及各行各业,如空间导航、卫星定轨、航天测绘、武器制导、大地测量等。追寻导航定位发展始末,可以发现导航卫星与卫星大地测量几乎相伴问世,导航定位与测绘相互促进发展。《分类表》(第一版)编制时,导航定位研究刚刚兴起,因此将导航定位放置在"P228 卫星大地测量与空间大地测量"类下。

调研分析表明:从近年大地测量学发生的革命性变化,以及航空航天遥感与制图领域的许多进展来看,很大程度上或直接、或间接地归因于导航定位技术的迅猛发展。关于导航定位的各类文献也非常多。但从学科来讲,导航是个大学科,不是单纯测绘问题,仅从测绘角度来谈导航是不全面的。从分类法编制原则来讲,非测绘学或与测绘学相关的学科不应列入测绘学科类目之内。有鉴于此,在充分考虑分类法修订原则要求和测绘学科的实际情况下,修订小组决定,"导航定位"不单独列类,仍放置在"P228 卫星大地测量与空间大地测量"下,但类名和类目注释需修改,具体修改如下:

P228.4 卫星导航系统
  美国全球定位系统(GPS)、俄罗斯格洛纳斯(GLONASS)、欧洲伽利略(Galileo)、中国北斗(BD)等卫星导航定位系统入此。

P228.41 原理与定位技术

P228.42 接收机

P228.43 数据的获取与处理

P228.49 卫星导航系统的应用
  总论入此。
  专论入有关各类。

5.提高海洋测量专业类目明细度,展现海洋测量专业的最新进展

《分类表》(第一版)编制时,增设了"P229 海洋测量学"类目。随着国家蓝海战略的实施,海洋测量的地位和重要性都逐年提高,相应的文献量也快速增加。此次修订,新增了"岛礁与海岸带测量"1个三级类目,新增了"海洋测量基准""海洋控制测量""海洋重力测量""海洋磁力测量""海岸工程测量""海底施工测量"和"跨海桥梁测量"7个四级类目,新增"海底地形测量""海洋测量基准""海洋控制测量""岛礁与海岸带测量""海岸工程测量""海底施工测量"6处注释。

6."P23 摄影测量学与测绘遥感"类名及分类标准的修订

将"P23 摄影测量与遥感"改为"P23 摄影测量学与测绘遥感"。摄影测量学作为测绘学的分支学科,是利用摄影影像测定目标物的形状、大小、位置、性质和相互关系的一门学科。虽然,随着摄影测量学的发展,它已经拓宽为利用非接触传感器(即遥感技术)获取目标物的影像及相关数据,从中提取几何、物理、语义信息及其变化,并用图形、图像和数字形式表达的科学、技术与工艺,但是测绘遥感技术更强调其技术与工艺的一面,而不宜称为"遥感学"。此处修改类名为"摄影测量学与测绘遥感",也与《中图法》(第五版)保持一致。

对测绘而言,摄影测量与遥感的影像获取是非常关键的专业内容,如 GPS 辅助航空摄影、GPS+IMU 航空摄影系统、无人机(飞艇、热气球)航空摄影系统、倾斜航空摄影、多镜头虚拟中心投影航空摄影、三线阵航空摄影等。它既是航空摄影(空中摄影),又是立体摄影,也是彩色摄影。测绘的航空航天摄影是工程性质的专业摄影,已形成一个独立的子类,应该列出摄影测量与遥感的影像获取类目。

按数据获取与数据处理分类,将"P231 航空摄影测量"下位类"像片判读"和"摄影测量控制",修改为"航空影像数据获取"和"航空影像数据处理",内容从单纯的光学成像的摄影测量技术,拓展到微波雷达、激光雷达等新技术。

将"P236 卫星摄影测量与空间摄影测量"改为"P236 航天摄影测量",与"P231 航空摄影测量"相对应,增加"航天影像数据获取"和"航天影像数据处理"两个下位类。

新增"P231.6 立体测图"类目。不论是模拟法、解析法、数字化还是信息化测绘技术时代,立体测图数据采集都是航空摄影测量的核心工作,所以不宜与采用的技术挂钩。为明确现代技术条件下立体测图的工作内容,增加了相应的注释。

7."P24 测绘仪器"的修订

《分类表》(第一版)"P24 测量仪器"是将测绘仪器中的测量仪器集中列类,将绘图仪器放到"P28 地图制图学(地图学)"的下位类"P286 制图仪器与设备"列类。考虑实际应用和图书排架查找的便利性,将测绘仪器集中排列,修改《分类表》(第一版)的"P24 测量仪器"类名为"P24 测绘仪器",并将原"P286 制图仪器与设备"调整到"P248 制图仪器与设备"。为了保持与《分类表》(第一版)的平稳过渡,将"P286 制图仪器与设备"改为交替类目,注释中指示宜入类号"P248"。

为了保持与《中图法》(第五版)的一致性,新增交替类目"[P204 测绘仪器]",注释中指示宜入类号"P24"。

将"P241 测角与测距仪器"改为"P241 普通测量与地形测量仪器"。理由为:①"测角与测距仪器"太局限,与大地测量、摄影测量与遥感、海洋测量、工程测量等基本类目名称也不相应,修改后基本类目的体系性、逻辑性将更强;②类目中涉及的经纬仪、测距仪、全站仪、水准仪、平板仪也确实属于普通测量仪器与地形测量仪器;③"电子手簿"无论全站仪、水准仪都有,可以归入附件,故删去;④各类注释"各类××仪及其附件入此"虽然有点烦琐,但没有歧义,可以简化保留;⑤水准仪、平板仪作为普通测量仪器与地形测量仪器,入此;⑥新增了"地理信息数据采集设备",是近十年发展迅速、应用广泛的新型地形测量与数据采集设备。

新增"P243 工程测量仪器"。一是实际需要,这类仪器放在其他地方不合适;二是与大地测量、摄影测量与遥感、海洋测量等基本类目相配套。非工程专用的测量仪器入其他类目。

将"P244 重力测量仪器与惯性测量系统"改为"P244 地球物理测量仪器",并增设"重力测量仪器"和"磁力与磁偏角测量仪器"两个下位类。综合专家有关意见,重力测量、惯性大地测量、磁偏角测量都是针对地球物理性质的测量,"惯性测量系统"如果是泛指"陀螺仪""加速度计"一类的仪器,就不宜与重力测量仪器放在一起,故采用"地球物理测量仪器"比较合适,并将陀螺仪、加速度计归入"P249.9 其他"。

"摄影测量与遥感仪器"是按数据获取与数据处理分类的,修改后的分类将航空、航天、地面的各种摄影测量与遥感的仪器都融合在一起,覆盖面广,概括性强。《分类表》(第一版)的坐标量测仪、纠正仪、多倍仪、解析测图仪现在已经不用了,考虑相关文献的存在,仍然保留,增加了微波雷达仪、激光雷达仪、空中三角测量软件、图像处理与编辑等内容。

"卫星大地测量与空间大地测量仪器"类目下增设了"卫星导航定位设备""空间大地测量仪器""星际测量仪器设备"子类的划分。注释中补充了与仪器配套的各类观测数据的处理软件归类的说明。目前,该类处理软件及相关内容文献越来越多,应该有一个"名位"。

"海洋测量仪器"类目下增设了"水深测量仪器""海洋地形测量设备"子类的划分。明确了"海洋测量仪器"包含的主要仪器设备种类、名称。

8."P25 专业测绘与工程测量"类名修改和类目扩充问题

《分类表》(第一版)在"P25 专业测绘与工程测量"下原设立有交替类目 P[258],以便于集中与类分测绘学属性的工程测量文献。

调研过程中,有专家提出"专业测绘"类目应该细分扩充,除了"工程测量",还应该将"矿山测量""军事测绘"等列类。"矿山测量"已发展成为测绘学中一门重要的二级学科,中国测绘地理信息学会早在1985年12月就成立了矿山测量专业委员会,每年都产生大量的矿山测量学术文献。"军事测绘"是为军事需要获取、提供地理、地形资料和信息的专业勤务,是一门特殊的专业测绘。虽然其测量手段、方法和技术与普通测绘近似一致,但有其军事特性,并且随着测绘技术的发展和新军事变革影响,军事测绘理论和技术方法也发生了重大变革,如出现了"作战环境与仿真""战场空间数据可视化"等新的学科、技术、理论。另一种意见反对大幅修改,认为多数专业测绘是测绘在其他学科的实践应用,考虑《中图法》专业分类表编制原则要求,不宜将其纳入测绘学类目下,如愿将专业测绘文献集中于 P25,可采取冒号组配或交替类号方法。

经过综合讨论,由于意见分歧,编委会决定本次修订不对"P25 专业测绘与工程测量"进行大的修改,只将原交替类目改为使用类目,修订部分类目注释,修改如下:

P25 **专业测绘与工程测量**

    总论入此,论述工程测量的文献入 P258。

    专论入有关各类。例:矿山测量入 TD17。如愿将测绘技术在各方面应用的著作集中于此者,可用组配编号法,并按《中图法》序列排。例:矿山测量编号为 P25∶TD17;军事测绘编号为 P25∶E992。

P258   工程测量

    工程控制网、精密工程测量、地下管线测量、施工测量、工业测量、变形测量控制网、放样测量等入此。

测绘学专业分类表

（第二版）

类目简表

P20	一般性问题
P21	普通测量学、地形测量学
P22	大地测量学
P229	海洋测量学
P23	摄影测量学与测绘遥感
P24	测绘仪器
P25	专业测绘与工程测量
P27	地籍学
P28	地图制图学（地图学）
[P29]	地图与地图集

P2　测绘学

依总论复分表分。例：测绘法令入 P2-019；测绘学史、测绘志、测绘人物和传记入 P2-09；测绘机关、团体、会议的工作概况、组织与活动、工作报告等入 P2-2 有关各类；测绘丛书、论文集、年鉴、连续性出版物等入 P2-5 有关各类；测绘名词、词典、手册（测绘标准除外）等参考工具书入 P2-6 有关各类；测绘文献检索工具、《中文科技资料目录——测绘》等入 P2-7。

测绘文献研究、目录索引研究应入 G257.36；测绘科技信息工作研究入 P2-05 有关各类。

P20　一般性问题

P201　　测绘标准

P201.1　　规范

P201.2　　细则

P201.5　　图式

P201.9　　其他

P202　　测量用表

　　　测量用的对数表、坐标表、星表，测距类计算查找用表等入此。

P203	测绘观测记录	

     手簿、成果表等入此。

[P204] 　测绘仪器

     宜入 P24。

P205 　测绘业务与组织管理

P207 　测量误差理论与测量平差

P207.1 　　测量误差理论

P207.2 　　测量平差

     最小二乘法入此。

P208 　测绘数据库与地理信息系统(GIS)

P208.1 　　测绘数据库

     数字高程模型入此。

P208.2 　　地理信息系统(GIS)

P209 　电子计算机的应用

P21/28(类目复分仿分规定)

    以下 P21/28 可仿 P20 分。例:《关于国家水准测量规范中若干问题的修订意见》为 P224.101.1。

P21 　**普通测量学、地形测量学**

P211 　简易测绘法

     目测法、三点法等入此。

P212 　简易测量仪器测量

     罗盘仪、气压高度计、手持导航定位仪(包括导航定位手机)等测量入此。

P212.1 　　测量标志

     标石、觇标(测标)、观测墩等永久性固定标志入此。

P212.2 　　测方位角法

P213 　角度测量

     经纬仪测量入此。

P214 　导线测量

     普通导线测量(又称等外导线测量)、等级导线测量入此。

P215 　距离测量

P216 　高程测量

P216.1 　　三角高程测量

     经纬仪高程测量、全站仪高程测量入此。

P216.2 　　气压高程测量

P216.3 　　全球导航卫星系统(GNSS)高程测量

GPS 高程测量入此。

P216.9　其他

P217　地形图测绘

图根控制、碎部测量(又称地形测图、平板仪测图、白纸测图)、野外数字测图(又称地面数字测图、电子平板仪测图)、地形图精度检测、外业数字化测图等入此。

P218　面积、体积测量

剖面测量、土方测量等入此。

P22　大地测量学

P221　平面控制测量

三角测量、边角测量、三边测量、测量控制网设计与精度估计入此。等级导线测量入 P214。变形观测控制网入 P258。

[P222]　天文大地测量

宜入 P128.1。

P223　物理大地测量、重力测量与地球形状的确定

参见 P312。

P223.0　位理论、地球形状的确定

大地水准面、地球重力场模型与边值问题等入此。

P223.1　绝对重力测量

P223.2　相对重力测量

P223.3　陆地重力测量

[P223.39]　海洋重力测量

宜入 P229.23。

P223.4　航空重力测量

空中重力测量入此。

P223.5　卫星重力测量

空间重力测量入此。

P223.6　重力梯度测量

P223.7　地球重力场元

重力异常、扰动重力、垂线偏差、高程异常、大地水准面高(起伏)入此。

[P223.9]　地球固体潮

宜入 P312.4。

P224　高程控制测量

高程系统及大气折射对高程、水准测量的影响入此。

P224.1　水准测量

P224.2　三角高程控制测量

电磁波测距高程测量、跨江跨海高程测量等入此。

P225	电磁波测距和基线测量
P225.1	无线电测距

     雷达测量入此。

P225.2	光电测距

     激光测距、红外测距等入此。

P225.3	微波测距
P225.5	相位法测距

     脉冲相位法测距入此。

P225.6	脉冲法测距
P225.8	基线测量

     基线检定场测量入此。

P226	椭球面大地测量（高等测量）

     弧度测量入此。

P226.1	椭球面上的测量计算

     换带计算入此。

P226.2	椭球面与其他曲面的关系
P226.3	大地坐标系及其变换
P227	动力大地测量

     地壳形变测量入此，其他变形监测入有关各类。

P227.9	惯性大地测量

     动态大地测量入此。

P228	卫星大地测量与空间大地测量

     三维、四维、整体大地测量入此。

P228.1	卫星定位

     子午仪卫星定位入此。

P228.3	卫星测高
P228.4	卫星导航系统

     美国全球定位系统（GPS）、俄罗斯格洛纳斯（GLONASS）、欧洲伽利略（Galileo）、中国北斗（BD）等卫星导航定位系统入此。

P228.41	原理与定位技术
P228.42	接收机
P228.43	数据的获取与处理
P228.49	卫星导航系统的应用

     总论入此。
     专论入有关各类。

P228.5	星体测距

     卫星激光测距（SLR）、激光测月（LLR）等入此。

P228.6　　射电干涉测量
　　　　　　　甚长基线干涉测量(VLBI)入此。
P228.7　　深空测绘
　　　　　　　测站在太空中的天体激光测距入此。
P228.9　　其他
P229　　海洋测量学
　　　　　　　参见 P71 海洋调查与观测。
P229.1　　海底地形测量
　　　　　　　大陆架地形测量、深海地形测量等入此。
P229.2　　海洋大地测量
P229.21　　海洋测量基准
　　　　　　　海洋大地水准面测定、平均海面测定和海面地形测定入此。
P229.22　　海洋控制测量
　　　　　　　海底控制测量和岛陆联测入此。
P229.23　　海洋重力测量
P229.24　　海洋磁力测量
P229.3　　海道测量
　　　　　　　控制测量、水深测量、扫海测量、浅地层剖面测量、底质探测、障碍物探测等入此。
P229.4　　岛礁与海岸带测量
　　　　　　　岸线测量入此。
P229.5　　海洋工程测量
P229.51　　海岸工程测量
　　　　　　　海港港口工程测量、港口航道疏浚测量入此。
P229.52　　海底施工测量
　　　　　　　海底隧道测量、海底管线敷设测量入此。
P229.53　　跨海桥梁测量
P229.54　　航标测量
P229.6　　领海基线测量
　　　　　　　海洋划界测量入此。
P229.7　　海洋水文测量
　　　　　　　潮汐、海流、海水透明度、海冰观测及其数据处理等入此。

P23　摄影测量学与测绘遥感
　　　　　　　总论遥感技术入 TP7。
P231　　航空摄影测量
　　　　　　　影像产品、数字产品入 P29。
P231.1　　航空影像数据获取

P231.11	光学航空影像数据获取	

倾斜航空摄影、无人机、低空飞行器(如飞艇和热气球)等影像数据获取入此。

- P231.12　机载微波、激光雷达数据获取
- P231.2　航空影像数据处理
- P231.21　航空影像解译

影像判读、调绘、室内判绘入此。

- P231.22　影像控制点测量与空中三角测量

外业像控测量与区域网平差入此。

- P231.23　机载微波、激光雷达数据处理
- P231.3　模拟法测图

综合法测图、微分法测图(分工法)、全能法测图等入此。

- P231.4　解析法测图
- P231.5　数字化测图

摄影测量自动化、数字测图系统等入此。

- P231.6　立体测图

数字高程模型、数字正射影像图、数字线划地图及数字地形图的数据采集与编辑入此。

- P232　地面摄影测量

移动测量车的数据获取与处理入此。

- P234　非地形摄影测量
- P234.1　近景摄影测量

建筑摄影测量、考古摄影测量、工程摄影测量、工业摄影测量、生物医学与生物工程摄影测量入此。

- P234.2　水下摄影测量
- P234.3　X射线摄影测量
- P234.9　其他

扫描电子系统的应用入此。

- P235　全息与动态摄影测量
- P235.1　全息摄影测量
- P235.2　动态摄影测量

实时摄影测量入此。

- P236　航天摄影测量

卫星摄影测量与空间摄影测量入此。

- P236.1　航天影像数据获取

光学遥感影像、星载微波、激光雷达数据获取入此。

- P236.2　航天影像数据处理

光学遥感影像、星载微波、激光雷达数据处理入此。

P237　　　测绘遥感技术
　　　　　　　参见 TP7。
P237.1　　测绘遥感数据获取
P237.2　　测绘遥感数据处理
P237.3　　测绘遥感图像判读
　　　　　　　测绘遥感图像解译入此。
P237.9　　测绘遥感技术的应用
　　　　　　　总论入此，在其他学科中的应用入有关各类。如愿将在其他学科中的应用集中于此者，可采用组配编号法，按《中图法》的大类序列排。例：《铁路勘测中遥感技术的应用》为 P237.9：U212。

P24　　**测绘仪器**
　　　　　　　总论入此，各种测量仪器性能、使用、检定和维修方法等入以下有关各类，仪器制造入 TH761。

P241　　　普通测量与地形测量仪器
P241.1　　经纬仪
　　　　　　　陀螺经纬仪（寻北仪）入 P243.1。
P241.2　　测距仪
　　　　　　　包括附件。
P241.3　　全站仪
　　　　　　　包括附件。
P241.4　　水准仪
　　　　　　　包括附件。
P241.5　　平板仪
P241.6　　地理信息数据采集设备
P243　　　工程测量仪器
P243.1　　工程测量专用仪器
　　　　　　　准直仪、测斜仪、激光扫平仪、激光指向仪、激光垂准仪、三维激光扫描仪、陀螺经纬仪（寻北仪）、轨道检测设备、变形监测仪器、精密工程测量仪器等入此。
P243.2　　地下管线测量仪器
　　　　　　　各类地下管线探测仪、探地雷达、地下管线轨迹探测仪及其数据处理软件入此。
P244　　　地球物理测量仪器
P244.1　　重力测量仪器
　　　　　　　绝对重力仪、相对重力仪、海洋重力仪、航空重力仪、卫星重力仪、重力测量系统及重力数据处理软件等入此。

P244.2　　　磁力与磁偏角测量仪器
　　　　　　　各类地球磁力与磁偏角测量仪器入此。
P245　　　卫星大地测量与空间大地测量仪器
P245.1　　　卫星导航定位设备
　　　　　　　美国全球定位系统（GPS）、俄罗斯格洛纳斯（GLONASS）、欧洲伽利略（Galileo）、中国北斗（BD）等卫星导航定位系统仪器设备入此。
P245.2　　　空间大地测量仪器
　　　　　　　卫星激光测距（SLR）、激光测月（LLR）、甚长基线干涉测量（VLBI）等仪器和设备入此。
P245.3　　　星际测量仪器设备
　　　　　　　月球测量、星载测量仪器设备及各种观测数据的处理软件入此。
P246　　　摄影测量与遥感仪器
P246.1　　　数据获取设备
　　　　　　　基于航空、航天、地面的各种遥感、遥测数据获取仪器设备及其集成系统，如摄影机、微波雷达仪（如 InSAR 设备）、激光雷达仪（LiDAR）、定位测姿系统（POS）等入此。
P246.2　　　数据处理设备
　　　　　　　坐标量测仪、纠正仪、多倍仪、解析测图仪、各种数字摄影测量工作站、空中三角测量软件、图像处理与编辑等数据处理系统及地图编制软件入此。
　　　　　　　与空间定位测量无直接关系的遥感仪器与系统入 TP73。
P247　　　海洋测量仪器
P247.1　　　水深测量仪器
　　　　　　　单波束测深仪、多波束测深仪、机载激光测深仪（测深 LiDAR）及数据处理系统入此。
P247.2　　　海洋地形测量设备
　　　　　　　机载双色激光测量系统、海底地貌测量仪器（侧扫声呐）、海底底质探测仪器（浅地层剖面仪）、水下测量设备的辅助设备及相关数据处理系统入此。
　　　　　　　海洋重力仪入 P244.1。
　　　　　　　海洋磁力仪入 P244.2。
P248　　　制图仪器与设备
P248.1　　　制图仪器
　　　　　　　直角坐标仪、缩放仪、刻图仪、求积仪等入此。
P248.2　　　地图制（复）印设备
　　　　　　　复照仪、地图复印机、照相排字机、电子分色机、打样机等入此。
P248.6　　　自动化制图系统
　　　　　　　绘图机、地图数字化器、地图制印数据编辑系统等入此。
P248.7　　　地理空间虚拟现实设备与集成系统

P249	其他测量仪器与设备
P249.1	简易测量仪器与设备

准直仪、测斜仪、带尺等入此。

P249.2	综合性仪器与设备

移动测量车、三维工业测量系统等入此。

P249.9	其他

陀螺仪、加速度计等惯性测量仪器入此。

P25	**专业测绘与工程测量**

总论入此,论述工程测量的文献入 P258。

专论入有关各类。例:矿山测量入 TD17。如愿将测绘技术在各方面应用的著作集中于此者,可用组配编号法,并按《中图法》序列排。例:矿山测量编号为P25:TD17;军事测绘编号为 P25:E992。

P258	工程测量

工程控制网、精密工程测量、地下管线测量、施工测量、工业测量、变形测量控制网、放样测量等入此。

P27	**地籍学**
P271	地籍测量

土地规划测量、地界测量入此。

土地法入 D9 有关各类。

P272	地籍调查
P273	地籍管理及其信息化

地籍档案、数字地籍测量系统、地籍数据库及信息管理系统等入此。

P274	房地产测绘与管理
P28	**地图制图学(地图学)**

总论地图学、理论制图学、地图信息传输入此。

P281	地名学

地名调查、地名录、地名志、地名译音表、地名标准化、地名信息系统、地名数据库等入此。

P282	数学制图学(地图的数学基础)
P282.1	地图投影
P282.2	坐标变换
P282.3	地图定向
P282.4	制图用表
P283	地图编制

总论入此。

P283.1	地图设计、原图编绘

地图内容、地图色彩、符号表示、制图综合等入此。

P283.2	原图清绘与整饰	

     绘制地图的线划与字体规格等入此。

P283.3	平面图绘制
P283.4	立体图绘制
P283.49	影像地图编制
P283.5	地图更新

     总论入此，地图修测和更新的技术与方法入有关各类。

P283.7	制图自动化

     数字地图制图系统入此。

P283.8	遥感制图

P284/P285 各类地图

     以下 P284/P285 可仿 P283 分。

P284	地形图编制
P284.1	普通地形图编制
P284.2	海底地形图编制

     大洋地势图编制入此。

P284.9	其他地形图编制
P285	专题地图与地图集编制
P285.1	自然地理图编制

     地球物理图(地震图、地磁图、火山图)、地质图、地貌图、水文图等编制入此。

P285.2	社会经济地图编制
P285.21	历史地图编制
P285.22	经济地图编制

     自然资源图、自然改造图、工业图、农业图、动力图、运输图、邮电通信图、商业图、金融图等编制入此。

P285.23	土地利用(规划)图编制

     地籍图编制入此。

P285.239	国土资源与环境综合图编制
P285.24	政治行政区划图编制

     疆界图编制入此。

P285.25	人口分布图编制
P285.26	民族分布图编制
P285.27	城市图编制
P285.28	文化建设图编制
P285.3	交通用图编制

道路图、航海图、航空图、旅游图等编制入此。

P285.4　　　教学图编制
P285.6　　　军用地图编制
P285.7　　　海洋专题图与海图集编制
　　　　　　　航海图编制入 P285.3。
P285.9　　　其他专题地图编制
　　　　　　　立体模型地图、触觉地图等编制入此。
[P286]　　　制图仪器与设备
　　　　　　　宜入 P248。
P287　　　　地图模型、地球仪
P288　　　　地图制印与复制
　　　　　　　印前处理入此。
　　　　　　　参见 TS8。
P288.1　　　地图制版
P288.2　　　地图印刷
　　　　　　　地图印刷质量控制、印刷工艺流程管理入此。
P288.7　　　地图缩微
P288.8　　　地图复制
P289　　　　地图读法与应用
　　　　　　　地图分析、地图利用、地图研究法入此。

[P29]　　地图与地图集
　　　　　　　宜入 K99 和 P98。如愿集中于此者,按下列子目分。
[P291]　　　普通地图
　　　　　　　依世界地区表分,中国再依中国地区表分。
[P292]　　　地形图
　　　　　　　依世界地区表分,中国再依中国地区表分。
[P295]　　　专题地图
　　　　　　　仿 P285 分,再依世界地区表分;如有必要,中国再依中国地区表分。
[P296]　　　古地图
[P297]　　　数字地图、电子地图
　　　　　　　汇编入此,各种数字地图入 P291/296 各类。
[P299]　　　其他地图
　　　　　　　影像地图、立体模型地图、地图模型、触觉地图、地球仪等入此。

相关相邻学科类目表

A **马克思主义、列宁主义、毛泽东思想、邓小平理论**

　　若不集中 A 大类文献,可按文献性质及学科内容分散处理。马克思、恩格斯、列宁、斯大林的综合性著作及其研究可入 D33/37 的"-0";毛泽东、邓小平的综合性著作及其研究可入 D2-0;马列主义、毛泽东思想研究,专论、专题汇编及其研究入有关各类。例:马列主义研究入 D0-0;毛泽东思想研究入 D610.0,邓小平理论研究入 D610.1;邓小平论文艺入 I0;毛泽东传入 K827＝73。

A1 **马克思、恩格斯著作**

　　全集入此。

A2 **列宁著作**

　　全集入此。

A3 **斯大林著作**

　　全集入此。

A4 **毛泽东著作**

　　全集入此。

A49 **邓小平著作**

　　全集入此。

A5 **马克思、恩格斯、列宁、斯大林、毛泽东、邓小平著作汇编**

　　两人以上著作汇编入此。

　　马克思、恩格斯著作汇编入 A1 有关各类。

A7 **马克思、恩格斯、列宁、斯大林、毛泽东、邓小平生平和传记**

　　两人以上合传和传记汇编入此。

　　内容有错误的著作,应通过目录组织区别开来。

A8 **马克思主义、列宁主义、毛泽东思想、邓小平理论的学习和研究**

　　对马克思主义、列宁主义、毛泽东思想、邓小平理论的理论研究、思想发展研究以及对马克思、恩格斯、列宁、斯大林、毛泽东、邓小平原著的学习和研究入此。

　　运用马克思列宁主义、毛泽东思想、邓小平理论对各学科门类的专题研究,按其内容分入有关各类。例:马克思主义哲学入 B0-0,科学社会主义理论入 D0-0,马克思主义政治经济学入 F0-0。

　　学习应用马克思列宁主义、毛泽东思想、邓小平理论的立场、观点、方法,改造世界观的心得体会入 D641。

B	**哲学、宗教**

总论哲学及兼论哲学与宗教的著作入此。

专门科学的哲学理论入有关各类。例：教育哲学入 G40-02；历史哲学入 K01。

宗教入 B9。

依总论复分表分，B-0 理论与方法论所属类目入 B0。

B0	**哲学理论**
B1	**世界哲学**
B2	**中国哲学**

中国哲学史、思想史、少数民族哲学史入此。

各代哲学史入有关各时代。例：《先秦哲学思想史》入 B22。

B3	**亚洲哲学**

东方哲学、东方哲学史等入此。

B4	**非洲哲学**

非洲哲学史等入此。

依世界地区表分。

B5	**欧洲哲学**

西方哲学、西方哲学史等入此。

B6	**大洋洲哲学**

依世界地区表分。

B7	**美洲哲学**

依世界地区表分。

B80	**思维科学**

总论性著作入此。

专论入有关各类。

参见 B842.5。

B81	**逻辑学（论理学）**

依总论复分表分。

B82	**伦理学（道德哲学）**

依总论复分表分。

B83	**美学**

依总论复分表分。

B84	**心理学**

普通心理学，总论人的信息加工、人工智能心理学方面的著作入此。

专类感觉、知觉信息加工方面的著作入 B842.2。

依总论复分表分。

〈实验心理学，5 版改入 B841.4〉

B9	**宗教**	

依总论复分表分。

C	**社会科学总论**	

总论人文科学、行为科学的著作入此。

C0	**社会科学理论与方法论**	

科学的对象、任务、价值、意义入此。

C1	**社会科学概况、现状、进展**	

科学水平、动态、规划、预测等入此。

依世界地区表分，中国再依中国地区表分。

〈4 版类名：社会科学现状及发展〉

C2	**社会科学机构、团体、会议**	

包括章程、历史、概况、活动、成员名录、年报、工作报告等。

C3	**社会科学研究方法**	

比较研究入 C03。

C4	**社会科学教育与普及**	

中小学各科教学法、教学参考书和教材入 G623/624、G633/634 有关各类。

如愿在本学科作互见分类或愿直接分入本学科者，可用此号分。

C5	**社会科学丛书、文集、连续性出版物**	
C6	**社会科学参考工具书**	
[C7]	**社会科学文献检索工具书**	

总论社会科学文献情报研究或目录索引研究的著作宜入 G257.33；文献目录宜入 Z88；文献索引宜入 Z89。

如愿在本学科作互见分类或愿直接分入本学科者，可用此号分。

C79	**非书资料、视听资料**	

总论音像制品（声像资料）、电子文献、电子出版物等入此。

C8	**统计学**	

参见 O212。

C81	**统计方法**	
[C82]	**专类统计学**	

宜入有关各学科。例：教育统计学入 G40-051。

如愿集中于此者，可用组配编号法。例：教育统计学为 C82∶G40-051。

C83	**世界各国统计资料**	

各国统计资料汇编入此。

各科学部门的统计资料入有关各类。例：中国经济统计资料入 F12-66。

C91	**社会学**	
C92	**人口学**	

C922	人口地理学	

人口地理分布、人口生态学、人口城市化、人口迁移学等入此。
依世界地区表分。

C93	管理学	
[C94]	系统科学	

宜入 N94。

C95	民族学、文化人类学	

人种学入 Q982;民族殖民地问题理论入 D06。
〈4 版类名:民族学〉

C96	人才学	

人才的本质、要素及其社会历史等入此。
专论某种事业干部的著作入有关各类。例:人事(干部)制度理论入 D035.2;图书馆干部入 G251.6;科学工作者入 G316。

C97	劳动科学	

依总论复分表分,C97-0 理论与方法论所属类目入 C970。

D	政治、法律	

总论政治以及兼论政治与法律的著作入此。
法律入 D9。
依总论复分表分,D-0 理论与方法论所属类目复分入 D0。

D0	政治学、政治理论	

比较政治学等入此。
公共政策理论及政策分析、评估等入 D035-01。
〈4 版类名:政治理论;政策学,5 版改入 D035-01〉

D1	国际共产主义运动	

共产主义运动、共产党总论性著作入此。

D2	中国共产党	
D4	工人、农民、青年、妇女运动与组织	
D5	世界政治	

总论性著作入此。

D6	中国政治	
D8	外交、国际关系	
D9	法律	

依总论复分表分,D9-0 理论与方法论所属类目复分入 D90。

D90	法律理论(法学)	
D91	法学各部门	

应用法学入此。

D92		中国法律
D920.0		理论

中国法制研究,立法的理论、原则等入此。

D920.1		方针、政策及其阐述
D920.4		学习、研究
D920.5		解释、案例

法的讲解、问答、说明、案例等入此。

D920.9		法律汇编
D921		国家法、宪法⑨

《中华人民共和国宪法》、《中国人民政治协商会议共同纲领》、《反分裂国家法》、公民基本权利和义务等入此。

D922.1		行政法⑨
D922.2		财政法⑨
D922.29		经济法⑨
D922.3		土地法、房地产法⑨

地籍管理、土地调查、土地登记、土地改革、土地所有权和使用权等法入此。

专论房地产法入 D922.38。

〈4 版类名:土地法〉

D922.32		集体土地管理法⑨

农业土地法、农村土地承包法、水土保持管理法、耕地保护法、乡(镇)村用地法入此。

〈4 版类名:农业土地法〉

D922.33		国有土地管理法⑨

〈4 版类名:国有土地管理及使用法〉

D922.34		城市及城郊用地法⑨
D922.36		各种用途土地法⑨

交通、矿业、国防、文教、卫生、建筑、森林、水利等用地管理及征用法入此。

〈4 版类名:特殊用途土地法令;建筑用地法,4 版入 D922.35;森林用地法,4 版入 D922.37;水利用地法,4 版入 D922.38;国家建设征用土地法,4 版入 D922.39〉

D922.38		房地产法⑨

物业、住房管理、房地产开发项目管理、房地产交易、房地产权属登记等法入此。

〈4 版类名:水利用地法令;5 版改入 D922.36〉

〈房地产法,4 版入 D922.181;房屋管理权,4 版入 D923.2〉

D922.4	农业经济管理法⑨

农业(农垦、粮食、粮仓等)、畜牧、兽医、捕鱼、狩猎等法,以及农业经济组织、农业生产合作组织、农业个体经济、农业承包等法入此。

D922.5	劳动法、社会保障法⑨

总论社会法、社会保障法、就业促进法入此。

〈4 版类名:劳动法〉

D922.6	自然资源与环境保护法⑨
D923	民法⑨

总论民商法入此。

D924	刑法⑨
D925	诉讼法⑨
D926	司法制度⑨
D927	地方法制

地方法规入此。

依中国地区表分,再仿 D920.0/926 分。

D99	**国际法**
DF	**法律**

应用法学入此。

依总论复分表分,DF-0 理论与方法论所属类目复分入 DF0。

E	**军事**

依总论复分表分,E-0 理论与方法论所属类目复分入 E0。

E0	**军事理论**

总论军事学术,总论马克思主义军事理论、毛泽东军事思想、邓小平军事理论的著作入此。

E1	**世界军事**
E10	军事政策
E11	军事建设与战备
E12	军事制度
E13	军事教育与训练

总论军事体育、军事野营入 G873。

参见 E251。

E139	军事科研组织与活动
E141	司令部工作
E144	后方勤务

如需细分,可仿 E23 分。

E16	军事组织与活动
E19	军事史

依国际时代表分。

E2	中国军事
E20	军事理论

中国人民解放军的建军理论、军队建设理论、党的军事路线、党对人民军队的领导等著作入此。

总论国防现代化建设理论入 E25；有关民国时期的军事理论入 E092.6；有关中华人民共和国成立后台湾军事理论著作入 E289.58。

〈4 版类名：建军理论〉

E21	司令部工作
E22	政治工作

政治工作报告、经验总结等入此。

军队中的中国共产党入 D267.3；和共青团工作入 D297.3。

E23	后方勤务

后勤组织机构、行政管理等入此。

E24	军事装备工作

总论军事装备建设（装备发展、体制、规划、计划等）入此。

见 E145 注。

〈4 版类名：生产建设工作；5 版改入 E249〉

〈4 版入 E27〉

E25	国防建设与战备

国防建设理论、国防建设现代化、信息化建设等入此。

E26	军事制度
E27	各种武装力量（各军、兵种）

〈总论军事编制、装备与实力的著作，5 版改入 E26、E24 有关各类〉

E289	地方军事

依中国地区表分。

E29	军事史（战史、建军史）
E3/7	各国军事

依世界地区表分，再依下表分。

0	军事政策
1	国防建设和战备
2	军事制度
3	军事教育和训练
39	军事科研组织与活动
41	司令部工作

	42	政治工作
	44	后方勤务
	45	装备工作
	5	各种武装力量(各军、兵种)
	58	民兵、预备役部队
	{6}	预备役部队
		〈停用；5版改入58〉
	{7}	民兵
		〈停用；5版改入58〉
	{8}	地方武装
		〈停用；5版改入589〉
	9	军事史

E8   战略学、战役学、战术学

E9   军事技术

E91   军事技术基础科学

E92   武器、军用器材

    关于武器和军用器材的使用、操作、保养、维修及其技能训练等著作入此。

    有关设计制造、测试、储运方面的著作入 TJ；军用舰艇制造与维修入 U674.7；军用飞机制造与维修入 V271.4；古代兵器入 K85。

E94   军事指挥信息系统

    总论入此。总论 C3I、C4I 等系统入此。

E95   军事工程

E96   军事通信

    军用通信器材入此。

    参见 TN91。

E99   军事地形学、军事地理学

E991   军事地形学

    地形对作战行动的影响，地形、地物、地图的利用，航空照片的识别与使用等入此。

E992   军事测绘学

E992.1   军事测量学

E992.2   军事制图学

E993   军事地理学

    兵要地志调查法等入此。

E993.1   世界军事地理

    军事海洋学入此。

E993.2	中国军事地理	

依中国地区表分。

E993.3/.7	各国军事地理	

依世界地区表分。

E994　军事地图

综合性军用地图入此。

E994.1/.7	陆军作战地图	

依世界地区表分。

E994.8	军用海图	
E994.9	军用航空地图	

F　经济

依总论复分表分，F-0 理论与方法论所属类目复分入 F0。

F0　经济学

政治经济学入此。

F1　世界各国经济概况、经济史、经济地理

F119.9	世界经济地理	

经济地理学入此。

F129.9	中国经济地理	

依中国地区表分。

F2　经济管理

〈4 版类名：经济计划与管理〉

F3　农业经济

F30　农业经济理论

农业经济学、农村经济学、农业政策学等入此。

F301	土地经济学	

土地问题理论、土地资源经济学等入此。

F31　世界农业经济

F311	土地问题	

总论世界各国土地改革、土地制度及土地开发与利用入此。

F32　中国农业经济

F321	农村经济结构与体制	

农村产业结构、农业产业化入此。

F321.1	土地问题	

见 F311 注。

F4　　工业经济

F49　　　信息产业经济

总论电子信息传输服务业入此。网络经济入此。

〈4 版类名:信息产业经济(总论);网络经济,4 版入 F062.5〉

F5　　交通运输经济

F59　　　旅游经济

F6　　邮电通信经济

〈4 版类名:邮电经济〉

F7　　贸易经济

F8　　财政、金融

G　　文化、科学、教育、体育

依总论复分表分。

G0　　文化理论

文化学入此。

[G07]　　文化地理学

宜入 K901.6。

〈4 版为正式类;5 版改为交替类〉

G1　　世界各国文化与文化事业

兼论教育事业入此。

专论教育事业入 G4。

G2　　信息与知识传播

G20　　　信息与传播理论

总论入此。

专论入有关各类。例:新闻学入 G210;情报学入 G250。

G23　　　出版事业

书刊出版入此。

著作权、版权入 D923.41。

G25　　　图书馆事业、信息事业

〈4 版类名:图书馆学、图书馆事业;情报学及情报工作,4 版入 G35〉

G27	档案事业

〈4版类名:档案学、档案事业〉

G3	科学、科学研究

总论科学研究(包括社会科学和自然科学)的著作入此。

总论社会科学研究的著作入C;总论自然科学研究的著作入N;关于具体学科的研究的著作入有关各类。

依总论复分表分。

G30	科学研究理论
H	语言、文字
H06	词典学

词典编纂法入此。

各语言字典、词典编纂法入有关语言类。例:《汉语字典编纂法》入H163。

H1	汉语

总论汉语语言文字的著作入此。

H3	常用外国语
H4	汉藏语系①
H5	阿尔泰语系(突厥-蒙古-通古斯语系)①
H61	南亚语系(澳斯特罗-亚细亚语系)①
H62	南印语系(达罗毗荼语系、德拉维达语系)①
H63	南岛语系(马来亚-波利尼西亚语系)①
H64	东北亚诸语言①
H65	高加索语系(伊比利亚-高加索语系)①
H66	乌拉尔语系(芬兰-乌戈尔语系)①
H7	印欧语系①
H81	非洲诸语言①

闪-含语系除外。

H83	美洲诸语言①

印第安人语言与因纽特人语言入此。

H9	国际辅助语①
K	历史、地理

总论历史与兼论史地入此。

地理入K9。

依总论复分表分,K-0理论与方法论所属类目复分入K0。

K0	史学理论
K1	世界史

    两洲以上的多国历史入此。

K2	中国史
K29	地方史志
K3	亚洲史

    总论东方各国历史入此。

K4	非洲史②
K5	欧洲史②
K6	大洋洲史②⑨
K7	美洲史②

K81	传记

    包括有关人物的传记、生平事迹、回忆录、访问记、年谱、生卒年表、日记、书信、纪念文集、墓志铭、祭文、悼词、哀挽录、照片、肖像等。
    人物思想评论按学科归类。
    各国人物如有改变国籍者,按其改变后所属的国籍分。

K82	中国人物传记

    多学科跨地区跨时代人物总传入此。

K825	人物传记:按学科分

    各科人物传记,包括总传和分传。

K85	文物考古

    参见 G26。

K9	地理

    总论自然、经济、居民、国家制度、文化生活等各方面的综合性地理著作入此。
    专门地理学入有关各类。例:世界经济地理入 F119.9;自然地理入 P9。
    依总论复分表分,K-0 理论与方法论所属类目复分入 K90。

K90	地理学
K901	人文地理学

    人地关系、行为地理学、人为景观学等入此。

K901.4	政治地理学、地缘地理学

    地缘政治学入此。

K901.6	文化地理学

    社会文化地理学入此。
    专论语言地理入 H004;民族地理入 K18 等有关各类;宗教地理入 B929。

〈4 版为交替类，宜入 G07〉

K901.7　　旅游地理学
　　　　　　旅游景观学入此。
　　　　　　旅游经济地理入 F590。

K909　　　应用地理学

K91　　　**世界地理**

K912　　　政治区划

K915　　　城市、村落

K916　　　历史地理
　　　　　　古地名考入此。
　　　　　　依国际时代表分。

K917　　　名胜古迹
　　　　　　仿 K928.7 分。

K918　　　专类地理

K918.1　　疆界
　　　　　　海疆入此。

K918.3　　山

K918.4　　水
　　　　　　江河、湖泊、海洋等入此。

K919　　　旅游地理、游记
　　　　　　世界旅游经济地理入 F591.99。
　　　　〈4 版类名：旅行、游记〉

K92　　　**中国地理**

K921/927　区域地理、地理志
　　　　　　地方志入 K29；旅游地理指南入 K928.9。
　　　　　　依中国地区表分。

K928　　　专类地理

K928.1　　疆界

K928.2　　政治区划

K928.3　　山
　　　　　　论述山川的历史发展和兼述山川名胜古迹的著作入此。
　　　　　　专论中国山川自然地理地貌的著作入 P942。

K928.4　　水
　　　　　　见 K928.3 注。

K928.5　　城市、村落
　　　　　　关于中国城镇历史发展和聚落地理研究的总论性著作入此。

专论某一城镇的著作入 K921/927 区域地理。

K928.6　历史地理
　　　　　中国古地名考入此。
　　　　　依中国时代表分。

K928.7　名胜古迹
　　　　　一般介绍和图集入此。
　　　　　对名胜古迹的考古研究入 K878/879。

K928.8　现代著名建筑

K928.9　旅游地理、游记
　　　　　旅游地理指南、导游手册等入此。
　　　　　旅游经济地理入 F592.99；游记的文学作品入 I26、I266.4 等有关各类。
　　　　　依中国地区表分。
　　　　　〈4 版类名：旅行、游记〉

K99　　地图
　　　　　地图学入 P28。

K991　　世界

K992　　中国

K992.1　　疆界图

K992.2　　行政区域图、行政区划图
　　　　　依中国地区表分。

K992.5　　城市图、村落图

K992.6　　历史地理图
　　　　　依中国时代表分。

[K992.7]　自然地理图
　　　　　宜入 P98。

K992.9　　游览图
　　　　　旅游线路图等入此。
　　　　　交通图入 F512.99。
　　　　　依中国地区表分。

K993/997　各国
　　　　　依世界地区表分，再仿 K992 分。

N　　自然科学总论
　　　　　总论自然科学与技术科学及兼论技术科学的著作入此。

N0　　自然科学理论与方法论
　　　　　科学的对象、任务、价值、意义等入此；技术学入此。

N1		自然科学概况、现状、进展

　　仿总论复分表-1分。
　　〈4版类名:自然科学现状及发展〉

N2		自然科学机关、团体、会议

　　包括章程、历史、概况、活动、成员名录、年报、工作报告等。

N3		自然科学研究方法

　　总论体视学入此,专论入有关各类。例:生物体视学为Q-33。
　　比较研究入N03。

N5		自然科学丛书、文集、连续性出版物
N6		自然科学参考工具书
[N7]		自然科学文献检索工具

　　关于自然科学总论的文献情报研究或目录索引研究宜入G257.36或G257.5;文献目录索引宜入Z88、Z89。
　　如愿在本学科作互见分类或愿直接分入本学科者,可用此号分。

N79		非书资料、视听资料

　　总论音像制品(声像资料)、电子文献、电子出版物等入此。

N8		自然科学调查、考察

　　各专业物质调查入有关各类。
　　以世界地区表分。

N94		系统科学

　　总论系统论、控制论、信息论的著作入此。
　　控制论入O231;信息论入G201;自动化系统理论入TP11。

[N99]		情报学、情报工作

　　宜入G25。

O		数理科学和化学

　　依总论复分表分。

O1		数学

　　依总论复分表分。

O1-0		数学理论

　　数学的一般哲学问题、数学的性质和作用、数学方法论等入此。

O11		古典数学

　　数学史入此。

O12		初等数学

　　中小学教材入G4有关各类。

O13		高等数学

　　总论入此。

　　　　　　专论入有关各类。例：微积分入 O172。

O14　　数理逻辑、数学基础

O15　　代数、数论、组合理论

　　　　　　高等代数入此。

O151　　代数方程论、线性代数

O152　　群论

　　　　　　广群（群胚）入此。

　　　　　　代数群入 O187.2。

O153　　抽象代数（近世代数）

O154　　范畴论、同调代数

O155　　微分代数、差分代数

O156　　数论

　　　　　　超限数入 O144；格论入 O153.1。

O157　　组合数学（组合学）

　　　　　　阶乘、划分、排列、组合、分拆、填装等入此。

O158　　离散数学

　　　　　　有限数学入此。

O17　　数学分析

O172　　微积分

　　　　　　参见 O241.4。

O173　　级数论

　　　　　　无穷级数论入此。

O174　　函数论

　　　　　　超越函数、三角函数、双曲线函数等入此。

O175　　微分方程、积分方程

O176　　变分法

O177　　泛函分析

　　　　　　算子入此。

O178　　不等式及其他

O18　　几何、拓扑

　　　　　　高等几何、计算几何等入此。

O181　　几何基础（几何学原理）

　　　　　　欧几里得几何入此。

O182　　解析几何

O183　　向量（矢量）和张量分析

O184　　非欧几何、多维空间几何

O185	摄影(投影)几何、画法几何
O186	微分几何、积分几何
O187	代数几何
O189	拓扑(形势几何学)
O19	**动力系统理论**
O21	**概率论与数理统计**
O22	**运筹学**

　　　　　总论入此。
　　　　　在各部门的应用入有关各类。例：运筹学在农业方面的应用为$S11^+5$。
　　　　　参见 TB114.1。

O23	**控制论、信息论(数学理论)**
O24	**计算数学**

　　　　　参见 TB115。

O241	数值分析

　　　　　数值计算的理论与方法入此。

O241.1	误差理论
O241.3	插值法

　　　　　　差分方程、有限差分法等入此。

O241.4	数值积分法、数值微分法

　　　　　参见 O172。

O241.7	非线性代数方程和超越方程的数值解法
O241.8	微分方程、积分方程的数值解法
O242	数学模拟、近似计算
O243	图解数学、图算数学

　　　　　列线图学(诺模图法)入此。

[O244]	程序设计

　　　　　宜入 TP311。

O246	数值并行计算
O29	**应用数学**

　　　　　总论入此。
　　　　　具体应用入有关各类。例：工程数学入 TB11。
　　　　　如愿将各种应用数学集中于此，可用组配编号法。例：工程数学为 O29：TB11。

O3	**力学**

　　　　　经典力学(牛顿力学)入此。
　　　　　依总论复分表分。

O31	**理论力学(一般力学)**
O311	运动学

　　　　　　　　直线运动与曲线运动入此。
　　　　　　　　时间与空间入 O412.1；机械运动入 TH113.2。

O312　　静力学
　　　　　　　　分析静力学入 O316。
　　　　　　　　参见 TU311.1。

O313　　动力学
　　　　　　　　参见 TU311.3。

O314　　引力理论
　　　　　　　　引力与万有引力定律、重力与落体定律、摆的理论等入此。

O316　　分析力学（解析力学）
　　　　　　　　分析静力学、完整体系动力学、非完整体系动力学、正则方程、力学变分原理等入此。

O32　　振动理论
　　　　　　　　总论入此。
　　　　　　　　专论入有关各类。例：流体振动入 O353.1；机械振动入 TH113.1。
　　　　　　　　参见 TB53。

O34　　固体力学
　　　　　　　　土力学入 TU43；岩石力学入 TU45。
　　　　　　　　参见 O482.1。

O35　　流体力学
　　　　　　　　计算流体力学入此。
　　　　　　　　水力学入 TV13。

O351　　普通流体力学
[O352]　水动力学
　　　　　　　　宜入 TV131.2。

O353　　流体振动与波浪
O354　　气体动力学（可压缩流体力学）
[O355]　空气动力学
　　　　　　　　宜入 V211。

[O356]　稀薄空气动力学
　　　　　　　　宜入 V211.25。

O357　　黏性流体力学
O358　　射流
　　　　　　　　射流技术入 TP6。

O359　　多相流
　　　　　　　　参见 V211.1$^+$7。

O361　　电磁流体力学

	等离子体入 O53。
O362	化学流体力学
	参见 TQ021.1。
O363	物理-化学流体动力学
	总论入此。
	专论入有关各类。例:磁流体力学入 O361.3。
	参见 TQ021.1。
O368	应用流体力学
	总论入此。
	专论入有关各类。
O369	**物理力学**
O37	**流变学**
	液态和气态物质的流动性、固体剩余变形的有关过程等入此。
O38	**爆炸力学**
O39	**应用力学**
	总论入此。
	专论在某方面的应用入有关各类。例:工程力学入 TB12。
	如愿将力学在各方面应用的著作集中于此,可用组配编号法。例:工程力学为 O39:TB12。
O4	**物理学**
	普通物理学,论述物理现象的综合性著作。例:波入此。
	依总论复分表分。
O41	**理论物理学**
	近代物理学入此。
O42	**声学**
	总论入此。
	专论入有关各类。例:声学工程入 TB5;地声学入 P315.3。
	参见 O482.1。
O421	声的原理
O422	声的传播
O423	声的合成与分析
O424	物理声学
O425	次声学
	大气声学现象(大气声学)入 P427.4。
O426	超声学
O427	水声学
	海洋声学入 P733.2;声呐入 U666.7 有关各类。

参见 TB56。

O43　光学

光学仪器制造入 TH74；显微镜学入 TH742；发光学入 O482.31；激光入 TN24；光电子学入 TN201。

O44　电磁学、电动力学

电磁流体动力学入 O361。

O441　电磁学

O442　电动力学

从宏观、微观论述各种电磁现象方面的著作入此。

量子电动力学入 O413.2。

O45　无线电物理学

无线电技术入 TN014。

O46　真空电子学(电子物理学)

电真空器件入 TN1。

O47　半导体物理学

半导体技术入 TN3。

O48　固体物理学

电介质入此。

半导体物理学入 O47；晶体物理学入 O73；金属物理学入 TG111。

O51　低温物理学

制冷技术入 TB66。

O52　高压与高温物理学

O53　等离子体物理学

总论等离子体的波动、平衡、稳定与输送等入此；等离子体力学、低温等离子体物理学亦入此。

空间等离子体物理学入 P354。

O55　热学与物质分子运动论

O56　分子物理学、原子物理学

O57　原子核物理学、高能物理学

O59　应用物理学

总论入此。

专论物理学在各方面的应用入有关各类。例：农业物理学入 S12。

如愿集中于此，可用组配编号法。例：农业物理学为 O59：S12。

P　天文学、地球科学

依总论复分表分。

P1	**天文学**	
	依总论复分表分。	
P11	**天文观测设备与观测资料**	
P12	**天体测量学**	
P121	球面天文学	
	参见 O124.2。	
P122	误差和订正	
	一般理论入此。	
P123	照相天体测量学	
P124	子午天体测量学(基本天体测量学)	
P125	交食、凌掩	
P126	天文基本常数的测定	
	一般理论及测定方法入此。	
	个别星体的测定入有关各类。	
P126.1	天文单位	
P126.2	大气折射	
P126.3	光行差	
P126.4	视差	
P126.5	岁差和章动	
	理论问题入 P137.2。	
P126.8	自行	
P127	授时、经纬度的变化	
	参见 P19。	
P127.1	授时	
P127.2	纬度变化	
P127.3	经度变化	
P127.4	方位角变化	
	地极移动研究入此。	
P128	实用天文学	
	总论入此。	
	专论入有关各类。	
P128.1	天文大地测量学	
P128.11	纬度测量	
P128.12	经度测量	
P128.13	方位角测量	
	两个或多个要素的同时测定等入此。	

P128.14　　　　日食、月球定位及月掩星在大地测量中的应用

[P128.15]　　　人造卫星在大地测量中的应用
　　　　　　　　　　宜入 P228。
　　　　　　　　　　〈4 版为正式类；5 版改为交替类〉
　　　　　　　　　　〈近地卫星理论、动力学方法及其应用、大地测量卫星（主动卫星、被动卫星），5 版改入 $V474.2^+6$〉

[P128.2]　　　　航海天文学
　　　　　　　　　　宜入 U675.11。

[P128.3]　　　　航空天文学
　　　　　　　　　　宜入 V321.1。

[P128.4]　　　　天文导航
　　　　　　　　　　宜入 $V249.32^+3$。

P129　　　　　现代天体测量学

P13　　　　天体力学(理论天文学)

P131　　　　　天体引力理论
　　　　　　　　　用广义相对论研究天体运动的著作入此。
　　　　　　　　　参见 P512.6。

P132　　　　　n 体问题

P133　　　　　摄动理论

P134　　　　　太阳系内各天体的运动理论
　　　　　　　　　行星天文学入此。

P135　　　　　轨道计算
　　　　　　　　　轨道确定、历书天文学入此。

P136　　　　　天体力学定性理论

P137　　　　　天体运动和平衡问题

P138　　　　　天体力学方法

P139　　　　　现代天体力学

P14　　　　天体物理学
　　　　　　　　　分子天体物理学入此。

P15　　　　恒星天文学、星系天文学、宇宙学

P16　　　　射电天文学(无线电天文学)
　　　　　　　　　射电天体物理学、射电天文方法、电波天文学等入此。

P17　　　　空间天文学

P18　　　　太阳系
　　　　　　　　　行星地理学等入此。
　　　　　　　　　宇宙气象学入 $V419^+.5$。

P183	地球	

　　　　　　关于地球在天体中运转和有关天体物理方面的著作入此。
　　　　　　专论地球物理和地质地理方面的著作入 P3 和 P5。

[P183.1] 　　地球的起源和演化
　　　　　　宜入 P311。

P183.2 　　地球的结构
　　　　　　地球重力学入 P312。

P183.3 　　地球的运动
　　　　　　天文地球动力学入此。

P184 　　月球
　　　　　　月质学入此。

P185 　　行星、卫星、彗星、流星、陨星
　　　　　　行星物理学、行星化学等入此。

P19 　　**时间、历法**
　　　　　　时间学、模糊时间理论入此。
　　　　　　参见 P127。

[P191] 　　年代学
　　　　　　宜入 K04。

P192 　　计年法

P193 　　季节、时令
　　　　　　昼夜、四季入此。

P194 　　历法

P195 　　历书
　　　　　　依世界地区表分，按年代排。

P196 　　历书对照表
　　　　　　中、西、日、俄历书对照表入此。

P197 　　天文年历
　　　　　　历书天文学入 P135。

P197.1 　　中国天文历

P197.2 　　各国天文历
　　　　　　依世界地区表分。

P197.3 　　航海历书

P197.4 　　航空历书

P197.5 　　星历表
　　　　　　星历表计算入 $P135^+.1$。

P3	**地球物理学**

理论地球物理学入此。

依总论复分表分。

P31	**大地(岩石界)物理学(固体地球物理学)**

总论岩石圈入此。

P311	地球起源及演化
P312	重力学与地球形状学

地球自由振荡入此。

参见 P223。

P312.1	地球的重力场

地心引力入此。

P312.2	地球形状学
P312.3	地壳均衡说

地壳间接效应入此。

P312.4	地球的体潮、重力场的时间变化

固体潮入此。

[P312.5]	纬度变化

宜入 P127.2。

P312.9	其他
P313	大地构造物理学、岩组学(构造岩石学)

参见 P315.2$^+$3。

P315	地震学

参见 P51、P54。

P315.0	理论与方法
P315.1	地震成因

断层学说、相变学说、岩浆冲击学、地应力场等入此。

P315.2	地震与地球构造

地震与断层、地震与地槽等入此。

P315.3	地震波、地震震级、震源物理

地声学入此。

P315.5	地震活动性、地震区域划分
P315.6	测震学
P315.7	地震观测预报
P315.8	实验地震学、地震模拟试验
P315.9	地震工程与震害防御、应急救援

〈4 版类名:工程地震;5 版改入 P315.91〉

P316	地震调查、地震志	

P316　地震调查、地震志
　　　　依世界地区表分，中国再依中国地区表分。
P317　火山学
　　　　参见 P541、P542。
P318　地磁学
P319　地电学
　　　　古地电学入此。
P33　水文科学(水界物理学)
　　　　总论地下水入 P641；地下水在农业方面的开发与利用入 S273.4；海洋水文学入 P731。
　　　　参见 TV12、X143。
P35　空间物理
　　　　空间天气学入此。
　　　　星际航行动力学入 V411。
　　　　参见 P42、P172。

P4　大气科学(气象学)
　　　　大气科学是研究地球大气中各种现象的形成原因、时间、空间分布和演变规律以及如何利用这些规律为人类服务的一门学科。
　　　　空间天气学入 P35。
　　　　依总论复分表分。
P40　一般理论与方法
P407　大气遥感
　　　　总论大气遥感的理论与技术入此。
　　　　参见 TP7。
P407.1　　被动式遥感
P407.2　　主动式遥感
P407.3　　声波大气遥感
P407.4　　光学大气遥感
P407.5　　激光大气遥感
P407.6　　红外大气遥感
P407.7　　微波大气遥感
P407.8　　遥感图像的识别与处理
　　　　观测记录入 P416。
P41　大气探测(气象观测)
P42　气象基本要素、大气现象
　　　　参见 P35。

P43	动力气象学
P44	天气学
P45	天气预报
P46	气候学

    物理气候学、动力气候学入此。

| P5 | 地质学 |

    普通地质学、数学地质学等入此。
    经济地质学入 P61。
    依总论复分表分。

| P51 | 动力地质学 |

    参见 P315。

| P53 | 历史地质学、地层学 |

    总论地史学、灾变论入此。

| P54 | 构造地质学 |

    大地构造学入此。
    大地构造物理学入 P313。
    参见 P315。

| P541 | 地球动力学与大地构造理论 |

    动力地球物理学、脉动说、收缩说、大陆漂移说、地洼说、断块说、多旋回说、薄板理论、海底扩张与板块构造、槽台说等入此。
    参见 P317。

| P542 | 构造运动 |

    研究地球表层的运动和变形的理论入此。
    参见 $P315.2^+4$、$P315.2^+5$、P317。

| P544 | 大地构造分区 |
| [P545] | 大地构造物理学、岩组学（构造岩石学） |

    宜入 P313。

| P546 | 新构造运动（新构造学） |

    研究第三纪到第四纪期间发生的构造运动。
    现代构造运动学入此。

| P547 | 历史大地构造学 |

    历史大地构造图入此。

| P548 | 区域构造地质学 |

    依世界地区表分，中国再依中国地区表分。

| P55 | 地质力学 |
| P61 | 矿床学 |

P62	**地质、矿产普查与勘探**

> 总论入此。
> 各种矿的普查与勘探入 P618 有关各类。

P621	普查、勘探组织与管理
P622	地质普查
P623	地质测量与制图
P623.1	区域地质测量
P623.2	航空地质测量
P623.3	矿区地质测量
[P623.6]	地质制图

> 宜入 P285.1。

P623.7	地质图及其说明书
P624	地质勘探

> 总论入此。

P627	遥感勘探
P628	数学勘探
P629	同位素勘探
P631	地球物理勘探
P631.1	重力勘探
P631.1$^+$1	理论
P631.1$^+$2	方法
P631.1$^+$21	振摆测量
P631.1$^+$22	扭秤测量
P631.1$^+$23	重力仪测量
[P631.1$^+$24]	海洋重力测量

> 宜入 P223$^+$.39。

P631.1$^+$25	航空重力测量
P631.1$^+$3	仪器

> 振摆仪、扭秤、重力仪、重力梯度仪、航空重力仪等入此。

P631.1$^+$4	测量成果的整理、解释
P631.2	磁法探测
P632	地球化学勘探
P633	坑探工程（山地工作）
P634	钻探工程
P64	**水文地质学与工程地质学**
P641	水文地质学（地下水水文学）

参见 P512.2$^+$2。

P642	工程地质学
[P65]	地震地质学

    宜入 P315.2$^+$1。

[P66]	环境地质学

    宜入 X141。

[P67]	海洋地质学

    宜入 P736。

P68	宇宙地质学

    月质学入 P184；陨石学入 P185.83。

P691	行星地质学
P694	灾害地质学
P7	海洋学

    依总论复分表分。

P71	海洋调查与观测
P72	区域海洋学

    海洋地理学入此。
    参见 K928.44。

P73	海洋基础科学
P731	海洋水文学
P732	海洋气象学

    "厄尔尼诺"、"拉尼娜"现象入此。
    海洋气象观测入 P714$^+$.2。

P733	海洋物理学
P736	海洋地质学
P737	海洋地貌学
P737.1	海岸地貌
P737.2	海底地貌

    珊瑚岛、珊瑚礁等入此。

P738	海洋地球物理学
P738.1	地球动力学
P738.2	海洋重力场

    参见 P223$^+$.39。

P738.3	海洋磁场
P738.4	海底地震

P738.5	海底火山
P738.6	海底地热
P74	**海洋资源与开发**
	海洋经济学入此。
P75	**海洋工程**
[P79]	军事海洋学
	宜入 E993.1。
P9	**自然地理学**
	依总论复分表分。
P90	**一般理论与方法**
P91	**数理地理学**
	计量地理学入此。
[P92]	古地理学
	宜入 P531。
P93	**部门自然地理学**
P931	地貌学(地形学)
	气候地貌学入此。
	海洋地貌入 P737;火山地貌入 P317。
P931.1	流水地貌学、湿润地貌学
	河口、三角洲地貌学等入此。
P931.2	构造地貌学
	大陆地貌学、山地地貌学入此。
P931.3	沙漠地貌学、干燥地貌学
	风沙地貌等入此。
P931.4	冰川地貌学、冰缘地貌学
	兼论冰川与寒冻作用形成的地貌入此。
	冻土地貌入 P931.8。
P931.5	岩溶(喀斯特)地貌学
P931.6	黄土地貌学
P931.7	湖泊、沼泽地貌学
	水库库岸地貌等入此。
P931.8	冻土地貌学
P931.91	应用地貌学
	工程地貌学入此。
P931.92	实验地貌学
[P932]	气候学

	宜入 P46。
[P933]	水文地理学
	宜入 P343。
[P933.9]	海洋地理学
	宜入 P72。
[P934]	土壤地理学
	宜入 S159。
P94	**区域自然地理学**
P941	世界自然地理
	涉及多重分类标准的文献,入最后编列的类。
	〈4 版类名:世界自然地理学〉
P941.6	极地
P941.61	南极
P941.62	北极
P942	中国自然地理
	中国区域自然地理入此。
	依中国地区表分,再仿 P941 分。
P943/947	各国自然地理
	依世界地区表分,再仿 P941 分。
[P951]	环境地理学
	宜入 X144。
[P954]	灾害地理学
	宜入 X4。
P96	**自然资源学**
	总论入此,资源学入此。
	专论入有关各类。例:海洋资源入 P74;资源经济学入 F062.1;总论自然资源合理开发与环境保护入 X37。
	参见 F113.3、F124.5。
[P97]	地理探险与发现
	宜入 N8。
P98	**自然地理图**
	一般自然地理图入此。
	专类地理图入有关各类。例:气候图入 P469;地图制图学入 P28。
	依世界地区表分,中国再依中国地区表分。
S	**农业科学**
	广义农业,或含农、林、牧、渔业两业以上总论性著作入此。

专论入有关各类。
依总论复分表分。

S1	农业基础科学
S2	农业工程

依总论复分表分。

S27　农田水利

农业水利化,农田水利的规划、设计、测量、计划等入此。

总论农业测量入 S29。

参见 S774、TV 有关各类。

S28　农业田基本建设、农垦

山、水、田、林、路综合治理,农业水土工程等入此。

S29　农业工程勘测、土地测量

土地规划入 F301.2。

S7　林业

依总论复分表分。

S71　林业基础科学

S717　　森林地理学、森林分布

有关森林建设情况的著作入此。

S75　森林经营学、森林计测学、森林经理学

S758　　森林计测学(测树学)

S77　森林工程、林业机械

S771　　森林测量、林业测绘

S771.1　　大片林区测量

S771.2　　林业局(场)境界测量

作业区、林班境界测量入此。

S771.3　　制图

S771.4　　面积平差

S771.5　　森林航测

S771.5⁺1　　林区航空摄影

S771.5⁺2　　森林航测仪器

S771.5⁺3　　森林航测制图

S771.5⁺4　　森林航摄像片判读

S771.5⁺5　　判读仪器

S771.8　　森林遥感

T	工业技术

依总论复分表分。

TB	一般工业技术

工业工程入此；总论技术学、工程技术、高新技术的著作入此。

专论入有关各类。

TB1	工程基础科学

总论入此。

在各种工程技术上的应用入有关各类。

TB2	工程设计与测绘

总论入此。

各种工程设计、测绘入有关各类。

工业设计入 TB47。

TB22	工程测量

建筑物变形、沉降、扭转及其观测入 TU196；各种建筑物工程测量入 TU198。

TB23	工程制图

机械制图入 TU126。

参见 TU198。

TB8	摄影技术

总论电影、摄影技术入此；专业性的摄影著作入此。

综合性的摄影普及读物入 J41。

TB84	感光材料

感光材料制造入 TQ57。

TB85	摄影机具与设备

胶片制作设备入 TQ573。

TB86	各种摄影技术

涉及多重分类标准的文献，按论述的重点分；不易区分的，可使用最后编号法。

例：卫星彩色摄影为 TB871。

TB861	彩色摄影
TB863	立体摄影
TB864	全景摄影（摇镜头摄影）
TB866	红外线摄影、紫外线摄影

参见 O434.3。

TB867	放射线摄影
TB868	水下摄影
TB869	空中摄影
TB871	卫星摄影
TB872	高速摄影

TB873	显微摄影
TB874	光电微光摄影
TB876	传真摄影
TB877	全息摄影
TB877.1	光全息摄影

参见 O438。

TB877.2	声全息摄影
TB877.3	微波全息摄影
TB878	电影摄影

参见 J93。

TB879	其他
TB88	**洗印技术**

总论暗室技术的著作入此。
参见 TQ577.4。

TB89 **摄影技术的应用**

总论入此。
专论入有关各类。
影印法、印刷制版法入 TS804。

TB9 **计量学**

计量学是一门研究测量、维持测量统一和准确的科学。
计量管理学入此；总论测量、测试、计测的著作入此。
专论入有关各类。例：工程测量入 TB22；总论测量的著作入 P2；计量仪器制造入 TH71；计量仪器使用入有关各类。

TB91 **计量单位与单位制**

单位名称、定义和新制度的探讨等入此。

TB92 **几何量计算**

TB93 **力学计量**

TB95 **声学计量**

声压、声功率、声强度、声波等计量入此。
参见 TB52。

TB96 **光学计量**

光度、光强、光通、光源等计量入此。
参见 O432.2。

TB97 **电磁学与无线电计量**

电磁学单位与单位制入此。
参见 TM93。

TD 矿业工程

依总论复分表分。

TD1 矿山地质与测量

TD17 矿山测量与制图

参见 P25。

TD171　　矿山测量制图

TD172　　测量误差与平差

测量精度分析入此。

TD173　　矿区控制测量

TD173⁺.1　　三角测量

TD173⁺.2　　高程测量

TD173⁺.3　　航空电磁测量

TD173⁺.4　　地表移动测量

TD173⁺.5　　矿区地面摄影测量

TD173⁺.6　　矿区铁路测量

TD174　　建井测量

TD175　　生产矿井测量

TD175⁺.1　　井下平面测量

TD175⁺.2　　井下高程测量

TD175⁺.3　　矿井定向测量

TD175⁺.4　　巷道掘进测量

TD175⁺.5　　巷道贯通测量

TD175⁺.6　　回采工作面测量

TD175⁺.7　　井下摄影测量

TD176　　露天矿山测量

TD177　　矿体几何学

矿山测量实用投影、矿山几何制图入此。

储量计算入 P624.7。

TD178　　矿山测量仪器与工具

经纬仪、水准仪、测距仪、激光指向仪、制图仪等在矿山测量中的应用入此；激光技术、电子计算机技术在矿山测量的应用等入此。

参见 P204。

TE 石油、天然气工业

依总论复分表分。

TE1 石油、天然气地质与勘探

TE15	油气田测量和储量计算
TE151	油气田测量

地质编录及各种图件、油井测量技术等入此。

TH 机械、仪表工业

总论机械工程的著作入此。

依总论复分表分。

TH11	机械学(机械设计基础理论)
TH12	机械设计、计算与制图

总论入此。

专论入有关各类。例:泵的设计为 TH302.2。

TH13	机械零件及传动装置
TH14	机械制造用材料
TH16	机械制造工艺

总论机械制造工艺、机械检定等入此。

各种金属工艺入 TG 有关各类。

TH7	仪器、仪表

总论制造与使用的著作入此。

专论在某方面的应用入有关各类。

TH70	一般性问题
TH71	计量仪器[9]
TH711	长度计量仪器[9]
TH712	角度计量仪器[9]

角度量块、多面棱体入此。

TH713	面积计量仪器[9]
TH714	时间计量仪器[9]
TH715	质量计量仪器[9]
TH74	光学仪器[9]

参见 O435.2。

TH741	光学计量仪器[9]
TH744	物理光学仪器[9]
TH745	军用光学仪器[9]

参见 E933.4。

TH75	天文仪器[9]
TH76	地球科学仪器[9]
TH761	测绘仪器[9]

	参见 TS951.8。
TH761.1	经纬仪⑨
TH761.2	测距仪⑨
TH761.3	高程测量仪⑨
TH761.4	平板仪⑨
TH761.5	重力测量仪器⑨
TH761.6	航空摄影仪器⑨
	参见 TB853.1⁺⁹。
TH761.7	地面摄影仪⑨
	万能摄影经纬仪入此。
TH761.8	绘图仪器⑨
	参见 P286。
TH762	地球物理观测仪器⑨
TH763	地质勘探仪器⑨
TH764	水文观测仪器⑨
TH765	气象仪器⑨
TH766	海洋调查、观测仪器⑨

TM	**电工技术**
	机电一体化入 TH-39。
	依总论复分表分。
TM1	**电工基础理论**
	电力电子学入此。
TM2	**电工材料**
TM7	**输配电工程、电力网及电力系统**
TM73	电力系统的调度、管理、通信
TM74	电力系统的模拟与计算
TM75	**线路与杆塔**
TM757	电缆敷设
TM757.1	线路路径勘测及定线
TM757.3	地下电缆敷设
[TM757.4]	海底电缆敷设
	宜入 P756.1。
TM8	**高电压技术**
TM81	高压安全
	人身安全、设备安全等入此。

TM91	独立电源技术（直接发电）
	参见 TM6。
TM93	电气测量技术及仪器
	电子测量入此。
	高压电测量技术入 TM835。
	参见 TB97。
TM931	微波测量及仪表[①]
	总论入此。
	具体测量与仪表入有关各类。
TM932	数字式测量及仪表[①]
	总论入此。
	具体测量与仪表入有关各类。
TM933	电数量的测量及仪器[①]
TM934	集中参数、分布参数的测量及仪表[①]
TM935	频率、波形参数的测量及仪表[①]
TM936	磁数量测量及仪器[①]
TM937	电磁场强度（信号强度）测量及仪表[①]
TM938	复用、较量、记录和模拟测试装置[①]

TN	电子技术、通信技术
	依总论复分表分。
	〈4版类名：无线电电子学、电信技术〉
TN0	一般性问题
TN1	真空电子技术
TN11	电子管[①]
TN12	微波电子管[①]
	微波器件，超高频、特高频电子管入此。
TN13	气体放电器件、离子管[①]
TN14	电子束器件、X射线管、阴极射线管[①]
TN15	光电器件、光电管[①]
TN16	电子光学仪器
	电子显微镜、电子望远镜入此。
TN2	光电子技术、激光技术
TN20	一般性问题
TN21	红外技术及仪器
	红外光通信入 TN929.1。

参见 O434.3、E933.41、TN224。

TN22　夜视技术、夜视仪①
　　　　有源夜视、无源夜视等入此。

TN23　紫外技术及仪器①
　　　　紫外光通信入 TN929.1。
　　　　参见 O434.2。

TN24　激光技术、微波激射技术①

TN25　波导光学与集成光学①
　　　　纤维光学入此。
　　　　参见 TN491、TN818。

[TN26]　全息术①
　　　　宜入 TB877。

TN29　光电子技术的应用
　　　　总论入此。
　　　　在各方面的应用入有关各类。

TN3　半导体技术

TN30　一般性问题

TN31　半导体二极管①

TN32　半导体三极管(晶体管)①

TN34　晶闸管(可控硅)①

TN35　半导体整流器①
　　　　硅整流器、硒整流器等入此。

TN36　半导体光电器件①
　　　　光电池入 TM914；光电电子器件入 TN15。

TN37　半导体热电器件、热敏电阻①
　　　　热电学入此。

TN4　微电子学、集成电路(IC)

TN40　一般性问题

TN41　印刷电路①

TN42　微模组件①

TN43　半导体集成电路(固体电路)①
　　　　单片集成电路入此。

TN44　膜集成电路①

TN45　混合集成电路①

TN46　中规模集成电路①

TN47　大规模集成电路、超大规模集成电路①

TN48	真空集成电路⑨	
TN491	光学集成电路(集成光路)⑨	
	参见 TN25。	
TN492	专用集成电路⑨	
TN495	功能块(分子电路)⑨	
TN6	电子元件、组件	

电路一般元件入 TM5。例：电容器入 TM53；电阻器入 TM54；电感器、线圈入 TM55；开关入 TM56；继电器入 TM58。

TN60	一般性问题	
TN61	微波元件、微波铁氧体元件⑨	
TN62	微波传输控制元件⑨	
TN63	微波过渡元件⑨	
TN64	电声器件⑨	
	立体声器件入此。	
TN65	声光器件⑨	
	声体波、声表面波器件入此。	
TN7	基本电子电路	
TN70	一般性问题	
TN710	电子电路类型⑨	
TN711	网络⑨	
TN712	变能器⑨	
TN713	滤波技术、滤波器⑨	
TN715	均衡技术、衰减器(衰耗器)⑨	
TN72	放大技术、放大器	
TN73	功率合成器⑨	
TN74	频率合成技术、频率合成器⑨	
TN75	振荡技术、振荡器⑨	
TN76	调制技术与调制器、解调技术与解调器⑨	
	调制解调器(modem)入 TN915.05。	
TN77	倍频器、分频器、变频器⑨	
	脉冲倍频、脉冲分频入 TN786[+].1。	
TN78	脉冲技术、脉冲电路⑨	
	脉冲测量技术入 TM935.4。	
TN79	数字电路⑨	
TN8	无线电设备、电信设备	
	总论入此。	

专论入有关各类。例:电视通信设备入 TN948.5。

TN80	一般性问题
TN81	馈线设备(传输线和波导)①
TN82	天线

　　　　　参见 TN965+.2、TN957.2。

TN83	发送设备、发射机①

　　　　　参见 TN965+.3、TN948.53、TN957.3。

TN85	接收设备、无线电收音机①

　　　　　参见 TN948.55、TN965+.5、TN957.5。

TN86	电源

　　　　　不间断电源入此。

TN87	终端设备

　　　　　电子计算机终端设备入 TP334.1。

TN91	通信

　　　　　总论电信技术的著作入此。
　　　　　专论无线通信技术入 TN92。

TN92	无线通信

　　　　　软件无线电(SDR)入此。
　　　　　扩频无线电通信入 TN914.4;无线电话入 TN916.9;无线电报入 TN917.95;无线网入 TN926。

TN95	雷达

　　　　　无线电定位学入此。

TN96	无线电导航
TN961	无线电导航原理

　　　　　信息论在无线电导航中的应用入此。

TN962	导航电子电路装置

　　　　　参见 TN7。

TN964	导航的伺服系统和控制系统
TN965	导航设备、导航台

　　　　　参见 U675.7、V241.6、V44。

TN966	各种体制的导航系统
TN966+.1	幅度无线电导航系统
TN966+.2	相位无线电导航系统
TN966+.3	频率无线电导航系统
TN966+.4	时间无线电导航系统
TN966+.5	多普勒雷达导航系统

相关相邻学科类目表

TN966⁺.6　　红外线导航系统、激光导航系统
TN966⁺.7　　射电天文导航系统
TN967　　各种方式和用途的导航系统
　　　　　　他备式无线电（近程、远程等无线电）、盲目着陆（仪表、地面引导、自动、近程等着陆）导航系统入此。
TN967.1　　卫星导航系统
　　　　　　全球定位系统（GPS）入 P228.4。
TN967.2　　复合导航系统
｛TN967.3｝　他备式无线电导航系统
　　　　　　〈停用；5 版改入 TN967〉
｛TN967.4｝　盲目着陆导航系统
　　　　　　〈停用；5 版改入 TN967〉
[TN967.5]　空中交通管制导航系统
　　　　　　宜入 V249。
[TN967.6]　宇宙飞行器导航系统
　　　　　　宜入 V448。
[TN967.7]　航海导航系统、进港导航系统
　　　　　　宜入 U666。
TN97　　电子对抗（干扰及抗干扰）

[**TN98**]　无线电、电信测量技术及仪器
　　　　　　宜入 TM93。
TN99　　无线电电子学的应用
　　　　　　总论入此。
　　　　　　在各方面的应用入有关各类。

TP　自动化技术、计算机技术
　　　　　　依总论复分表分。
TP1　自动化基础理论
　　　　　　总论自动学和远动学入此。
TP11　自动化系统理论
　　　　　　人机系统、联机系统理论入此。
　　　　　　人工智能理论入 TP18；系统理论入 N94。
TP13　自动控制理论
　　　　　　控制论在自动化中的应用入此。
　　　　　　控制论的数学理论入 O231；工程控制论入 TB114.2。

TP14　　　自动信息理论
　　　　　　　信息理论在自动化中的应用入此。
　　　　　　　总论信息论的著作入 G201；信息论的数学理论入 O236；数字信号处理入 TN911.72。

TP15　　　自动模拟理论（自动仿真理论）
　　　　　　　模拟理论在自动化中的应用入此。
　　　　　　　模拟理论入 N032；数学模拟入 O242.1；系统仿真入 N945.13。

TP17　　　开关电路理论
　　　　　　　自动继电线路原理入此。

TP18　　　人工智能理论
　　　　　　　智能模拟理论、智能控制理论入此。
　　　　　　　智能语言、智能程序设计入 TP31 有关各类；智能机械人入 TP242.6。

TP2　　自动化技术及设备
TP20　　　一般性问题
TP21　　　自动化元件、部件
　　　　　　　放大器入 TN722；稳定器入 TM44；继电器入 TM58；控制器入 TM571；伺服电机入 TM383.4；显示器入 TN873；显示理论与技术入 TN27；大规模集成电路入 TN47。

TP23　　　自动化装置与设备
　　　　　　　总论入此；自动机入此。
　　　　　　　专论入有关各类；自动机理论入 TP301.1。

TP24　　　机器人技术
　　　　　　　机器人工程学入此。
　　　　　　　机器人语言入 TP31。

TP27　　　自动化系统[①]

TP29　　　自动化技术在各方面的应用
　　　　　　　总论入此。
　　　　　　　专论入有关各类。
　　　　　　　办公室自动化入 G931.4。

TP3　　计算技术、计算机技术
TP30　　　一般性问题
TP301　　理论、方法
　　　　　　　计算机原理入此。
　　　　　　　开关理论入 TP17。
TP302　　设计与性能分析
TP303　　总体结构、系统结构

　　　　　　　总论计算机硬件及其外部设备的著作入此。
　　　　　　　专论各部件的著作入 TP32/38 有关各类。
TP304　　　材料
TP305　　　制造、装配、改装
　　　　　　　计算机的大密度装配技术入此。
TP306　　　调整、测试、校验、检修、维护
　　　　　　　调整、测试中的故障诊断与排除入此。
　　　　　　　〈检修、维护，4 版入 TP307〉
{TP307}　　检修、维护
　　　　　　　〈停用，5 版改入 TP306〉
TP308　　　机房
　　　　　　　机房管理、机房设施、计算机中心设施、计算机环境等入此。
TP309　　　安全保密
TP31　　　计算机软件
TP311　　　程序设计、数据库、软件工程
　　　　　　　〈4 版类：程序设计、软件工程〉
TP311.1　　程序设计
　　　　　　　程序正确性理论入此。
TP311.5　　软件工程
　　　　　　　标准化、项目管理等入此。
TP312　　　程序语言、算法语言
　　　　　　　高级语言等入此。
　　　　　　　依语言名称的前两个字符(以英文字母开始)区分，并按字母序列排，若程序语言名称的前两位字符相同时，则取第三位字母，以此类推。例：ALGOL 语言为 TP312AL，JAVA 语言为 TP312JA，C^{++} 语言为 TP312C^{++}。排列顺序为 TP312AL、TP312C^{++}、TP312JA。若语言名称具有通用简称时，依简称字符为取号依据。如 Visual C^{++} 语言为 TP312VC。
TP313　　　汇编语言、汇编程序
　　　　　　　机器语言等入此。
　　　　　　　〈4 版类名：汇编程序〉
TP314　　　编译程序、解释程序
TP315　　　管理程序、管理系统
　　　　　　　执行程序入此。
TP316　　　操作系统
　　　　　　　手机操作系统入此。
TP317　　　应用软件(程序包)
　　　　　　　虚拟机入此。

　　　　　　　通用应用软件的开发研制入此。

　　　　　　　使用入 TP391 有关各类。

　　　　　　　参见 TP311.56、TP393.09。

TP319　　专用软件

　　　　　　　总论入此。

　　　　　　　专论入有关各类。

　　　　　　　如愿集中于此,可用组配编号法。例:企业经济管理程序为 TP319：F27。

TP32　　一般计算器和计算机

　　　　　　　解算装置入此。

TP33　　电子数字计算机(不连续作用电子计算机)⑨

　　　　　　　总论计算机各部件的著作入此。

　　　　　　　专论某一种计算机硬件的著作入有关各类。

TP331　　基本电路⑨

TP332　　运算器和控制器(CPU)⑨

　　　　　　　主板等入此。

　　　　　　　参见 TP342。

TP333　　存贮器

　　　　　　　信息存贮技术、超导体存贮器、交换器、延迟线存贮器等入此。

　　　　　　　参见 TP343。

TP334　　外部设备⑨

　　　　　　　参见 TP344。

TP335　　信息转换及其设备⑨

　　　　　　　信息转换技术入此。

　　　　　　　编码器入 TN762；译码器入 TN764。

TP336　　总线、通道⑨

TP337　　仿真器⑨

TP338　　各种电子数字计算机⑨

　　　　　　　以下涉及多种分类标准的计算机,入最后编列的类。例:分布式小型计算机入 TP338.8。

TP34　　电子模拟计算机(连续作用电子计算机)⑨

TP35　　混合电子计算机⑨

TP36　　微型计算机⑨

　　　　　　　微机软件入 TP31 有关各类；微机的应用入 TP39 有关各类。

　　　　　　　仿 TP331/337 分,必要时再仿 TP30 分。例:微型计算机存贮器性能分析入 TP363.027。

TP368　　各种微型计算机⑨

TP368.1　　微处理机⑨

单片微型计算机入此。

TP368.2　　单板微型计算机⑨

TP368.3　　个人计算机⑨

　　　　　　　家用电脑入此。

TP368.4　　工业控制计算机⑨

　　　　　　　控制机入此。

　　　　　　　计算机控制入 TP273。

TP368.5　　服务器、工作站⑨

TP368.6　　网络计算机（NC）⑨

TP37　　**多媒体技术与多媒体计算机**

　　　　　　　总论入此。

TP38　　**其他计算机**⑨

　　　　　　　高性能计算机、向量计算机、射流计算机等入此。

TP39　　**计算机的应用**

TP391　　信息处理（信息加工）

　　　　　　　总论图像处理入 TN911.73。信息处理软件的开发研制入 TP317 有关各类。

　　　　　　　参见 G202。

TP392　　各种专用数据库

　　　　　　　总论入此。

　　　　　　　各种专用数据库入有关各类。

　　　　　　　如愿集中于此,可用组配编号法。例:中国古籍善本书目数据库为 TP392:Z838。

TP393　　计算机网络

　　　　　　　总论计算机网络工程、联机网络系统入此。

　　　　　　　总论通信网的著作入 TN915。

TP399　　在其他方面的应用

　　　　　　　总论入此。

　　　　　　　在其他科学中的应用入有关各类。

　　　　　　　如愿集中于此,可以组配编号法。例:商业售货计算机为 TP399:F716。

TP6　　**射流技术（流控技术）**

　　　　　　　气动技术入此。

TP7　　**遥感技术**

　　　　　　　参见 P407。

TP72	遥感方式⑨
TP721	依传感器接收信号的来源分⑨
TP721.1	被动式遥感⑨
TP721.2	主动式遥感⑨
TP722	依探测的波长范围分⑨
TP722.3	紫外遥感⑨
TP722.4	可见光遥感⑨
TP722.5	红外遥感⑨
TP722.6	微波遥感⑨
TP73	**探测仪器及系统**⑨
TP731	多光谱扫描仪⑨
TP732	遥感传感器⑨

参见 TP212。

TP732⁺.1	微波遥感传感器⑨
TP732⁺.2	红外遥感传感器⑨
TP732⁺.3	紫外遥感传感器⑨
TP732⁺.4	可见光遥感传感器⑨
TP733	反束光导管摄像机⑨
TP75	**遥感图像的解译、识别与处理**⑨
TP751	图像处理方法⑨
TP751.1	数字处理⑨
TP751.2	光学处理⑨
TP752	图像处理设备⑨
TP752.1	数字处理设备⑨
TP752.2	光学处理设备⑨
TP753	图像解译、判读⑨
TP79	**遥感技术的应用**

总论入此。

在其他科学中的应用入有关各类。

如愿集中于此,可采用组配编号法。例:气象遥感为 TP79∶P407。

TS 轻工业、手工业、生活服务业

依总论复分表分。

TS8 印刷工业

印刷品的出版发行事业入 G23。

TS80	一般性问题
TS81	凸版印刷
TS82	平版印刷
TS83	凹版印刷
TS85	特种印刷

    涉及多重分类标准的文献,按论述的重点分;不易区分的,可使用最前编号法标引。例:建筑材料喷墨印刷入 TS851$^+$.5;塑料包装材料印刷入 TS851$^+$.1。

TS87	其他印刷
TS88	装订技术、装帧技术

    总论印后加工的著作入此;出版工艺学入此。

    参见 G253.6。

TS89	印刷技术的应用

    总论入此。

    文化用品的印刷入 TS951.5 有关各类。例:信封印刷为 TS951.5$^+$4。

TU 建筑科学

    土木工程总论入此。

    铁路、道路、桥隧、港湾入 U 有关各类。

    依总论复分表分。

TU1	建筑基础科学
TU19	建筑勘测

    工程地质勘测、水文地质勘测入 P64 有关各类;土工试验、土力学、岩石力学及地基基础的勘测问题入 TU4 有关各类。

TU191	建筑勘探原理与组织
TU196	观测
TU196$^+$.1	变形观测

    建筑物、构筑物变形观测入此。

[TU196.2]	沉降观测

    宜入 TU433。

TU196$^+$.3	扭转观测

    倾斜观测,高层建筑物、高耸建筑物扭转观测入此。

TU196$^+$.4	位移观测
TU198	建筑工程测量及制图

    参见 P2。

[TU198$^+$.1]	地形测量

    宜入 P217。

[TU198+.2]　工程测量
　　　　　　　　宜入 TB22。
[TU198+.3]　摄影测量
　　　　　　　　宜入 P23。
[TU198+.4]　天文大地测量
　　　　　　　　宜入 P128.1。
TU198+.5　　测量制图
　　　　　　　　图的复制技术入 TB233。
　　　　　　　　参见 P217。
TU198+.6　　各种建筑工程测量
　　　　　　　　总论入此。
　　　　　　　　专论入有关各类。
[TU198+.7]　测量仪器、制图仪器
　　　　　　　　宜入 TH761、P286。

TU4　土力学、地基基础工程
　　　　　　　　岩土工程、总论土力学、地基基础理论、设计与施工的著作入此。
TU433　　　地基变形
　　　　　　　　沉降、位移的观测和计算等入此。

TU9　地下建筑
　　　　　　　　地下铁路入 U231；隧道入 U45。
TU91　　　 地下建筑理论、勘测与计算
TU98　　　 区域规划、城乡规划
　　　　　　　　总论国土规划、整治、利用与管理的著作入此。
　　　　　　　　城市土地管理入 F293.22；农业土地管理入 F301.2；国土经济学入 F061.6。
　　　　　　　　参见 X321、F205、F207。
TU981　　　规划理论与方法
　　　　　　　　总论入此。
　　　　　　　　专论入有关各类。
TU982　　　区域规划
TU983　　　景观规划设计
　　　　　　　　总论入此。
　　　　　　　　各区域、园林景观规划设计入 TU984/986 有关各类，如：旅游区、广场、海滨、建筑公共空间等景观规划入 TU984.18 有关各类；各国景观规划设计入 TU982.2/.7；道路景观规划设计入 U418.9。

TU984 城市规划

　　总论城市景观、城乡规划和城市建设的著作入此。

　　城市学入 C912.81。

　　参见 TU-856。

TU99 市政工程

　　总论城市规划的著作入 TU984。

TV 水利工程

　　依总论复分表分。

TV1 水利工程基础科学

TV13 水力学

TV21 水资源调查与水利规划

TV22 水工勘测、水工设计

　　总论水利工程设计、施工的著作入此。

TV221　　水工勘测

TV221.1　　地形工程测量

　　参见 P217。

[TV221.2]　　工程地质和水文地质勘探

　　宜入 P64。

TV5 水利工程施工

　　一般水利工程施工技术入此。

　　各种水工建筑物的施工入有关各类。

TV6 水利枢纽、水工建筑物

　　港口水工建筑物入 U656。

TV698 水工建筑物管理

TV698.1　　水工建筑物的监测与原型观测

TV8 治河工程与防洪工程

　　航道工程入 U61。

[TV91]　　运渠(运河、渠道)工程

　　宜入 U61。

[TV92]　　港湾工程

　　宜入 U65。

[TV93]　　农田水利工程

　　宜入 S27。

U	交通运输

包括交通运输科学和运输工程。总论旅客运输、货物运输的著作入此。专论入有关各类。如：铁路旅客运输入U293；铁路货物运输入U294。依总论复分表分。

U2	铁路运输

铁路工程总论入此。
依总论复分表分。

U21	铁路线路工程

总论新线建设的著作入此。

U211	线路理论
U212	线路规划、勘测与设计
U212.1	路网规划与经济调查
U212.2	勘测
U212.21	经济勘测
U212.22	地质地理勘测

参见P642。

U212.23	水文勘测

参见P331/332有关各类。

U212.24	线路测量
U212.3	线路设计
U212.31	设计规范、标准
U212.32	选线设计

选线方案比较、选线经济等入此。

U212.33	平面设计
U212.34	纵断面、横断面设计

线路限制、坡度入此。

U212.35	特殊地形选线设计

线路抗震设计等入此。

U212.36	线间距选择
U212.38	与其他运输方式的连接线路设计

与飞机场的连接等入此。

U212.4	线路制图
U213	线路构造
U214	线路工程材料
U215	线路施工
U216	线路养护与维修

U218		旧线改选及扩建

     资料分类时,可仿 U211/216.9 分。

U23 **特种铁路**

     专用铁路入有关各类。例:港区铁路入 U653.93。

     涉及多种分类标准的著作,入编列在前的类。例:市郊高速铁路入 U238。

U231 地下铁路

     地铁网入此。

U231.1   线路勘测设计

U231.2   线路构造

[U24] **铁路桥涵工程**

     宜入 U44。

[U25] **铁路隧道工程**

     宜入 U45。

U4 **公路运输**

     总论公路科学入此。

     依总论复分表分。

U41 **道路工程**

     道路施工管理入 U415.1。

U411 道路工程理论

U412 规划、勘测与设计

     计算方法入此。

U412.1   公路规划与公路网

      参见 TU984.191。

U412.2   勘测

U412.24   线路测量

U412.24$^+$1   地形测量

      航空摄影测量入此。

U412.24$^+$3   踏勘、选线

U412.24$^+$4   初测

U412.24$^+$5   定测

U412.3   线路设计

      参见 U491.2。

U412.31   设计程序

      初步设计、技术设计等入此。

U412.32   选线设计

　　　　　　　　　　纸上选线、改线与方案比较等入此。
U412.33　　　平面、纵断面、横断面设计
U412.34　　　曲线设计
　　　　　　　　　　平面线、竖曲线、缓和曲线入此。
U412.35　　　交叉口及其设计
U412.36　　　公路及其设计
U412.37　　　城市道路及其设计
U412.38　　　广场、交通枢纽及其设计
U412.5　　　线路制图及技术资料
U412.6　　　计算机程序及设计
U415　　　道路建筑施工
U416　　　路基、路面工程
U417　　　道路附属构筑物及沿线设施
U418　　　道路养护与维修
U419　　　特殊地区筑路
U421　　　特种道路
U44　　**桥涵工程**
U442　　　勘测、设计与计算
U45　　**隧道工程**
U452　　　勘测、设计与计算
U452.1$^+$3　　隧道选线及施工测量
　　　　　　　　　　洞口位置选择入此。
U452.1$^+$4　　隧道横断面测量
U452.1$^+$7　　隧道测量仪器

U6　　**水路运输**
　　　　　　　　水路运输科学入此。
　　　　　　　　依总论复分表分。
U61　　**航道工程**
　　　　　　　　运渠(运河、渠道)工程入此。
　　　　　　　　河工学入 TV81。
　　　　　　　　参见 TV8。
U65　　**港口工程**
　　　　　　　　总论海港、江河港、湖泊港等入此；海港工程学入此。
U652　　　港口勘测与设计
U652.2　　　地质勘测及试验

U652.3	水文勘测	

参见 P331/332 有关各类。

U652.4	地形、地貌勘测
U652.6	港区测量
U652.6+1	港区地形测量
U652.6+2	水工工程测量

进港航道测量、港区测量等入此。

U652.6+3	港区地面工程测量
U652.6+4	疏浚测量
U675.4	航道测量
U675.6	航位测定
U675.8	航海资料
U675.81	海图、海图作业

海图学入此。

U675.82	航海用表、航海日志

潮汐表、航海天文表等入此。

U675.83	航路指南

世界航路入此。

U675.84	航海星图、天气图

卫星云图分析入此。

V 航空、航天

依总论复分表分。

V1 航空、航天技术的研究与探索

总论空间科学的著作入此。
专论入有关各类。

V2 航空

依总论复分表分。

V27	各类型航空器
V32	航空飞行术
V4	航天(宇宙航行)

依总论复分表分。

X 环境科学、安全科学

总论环境保护的著作入此。
依总论复分表分。

X1　　环境科学基础理论
X14　　 环境地学
X3　　环境保护管理
　　　　　环境管理学入此。
X4　　灾害及其防治
　　　　　灾害学、灾害地理学、灾害管理等入此。
　　　　　参见 D035.29。
X5　　环境污染及其防治
　　　　　环境工程学入此。
　　　　　从行业角度论述污染与防治的著作入 X7 有关各类。例：某地区大型金属矿山环境污染及防治研究入 X753。
X8　　环境质量评价与环境监测

Z　　综合性图书
Z1　　丛书
　　　　　综合性图书入此。
　　　　　专科丛书入有关各类。
Z12　　中国丛书
Z13/17　各国丛书
　　　　　依世界地区表分。

Z2　　百科全书、类书
　　　　　综合性百科全书入此。
Z22　　中国百科全书、类书
Z23/27　各国百科全书
　　　　　综合性普及读物入此。
　　　　　依世界地区表分。
[Z28]　专科百科全书
　　　　　专门性的百科全书宜入有关各类。例：《中国化工百科全书》为 TQ-61。
　　　　　如愿集中于此，可用组配编号法。例：《中国化工百科全书》为 Z28∶TQ。

Z3　　辞典
　　　　　综合性辞典、名词术语、手册入此。
　　　　　语言辞典入 H 有关各类。
Z32　　中国辞典
Z33/37　各国辞典
　　　　　依世界地区表分。

[Z38]	专科辞典	

    专门性辞典、名词术语宜入有关各类。例:《化工辞典》为 TQ-61。
    如愿集中于此,可用组配编号法。例:《化工辞典》为 Z38:TQ。

Z4 论文集、全集、选集、杂著

    综合性论文集、全集、选集、杂著入此。
    专门性论文集、全集、选集、杂著入有关各类。

Z42 中国论文集、全集、选集、杂著

    依中国时代表分。

Z43/47 各国论文集、全集、选集、杂著

    依世界地区表分。

Z5 年鉴、年刊

    综合性的年鉴、年刊入此。

Z52 中国年鉴、年刊

    各地区年鉴依中国地区表分。

Z53/57 各国年鉴、年刊

    依世界地区表分。

[Z58] 专科年鉴、年刊

    专科年鉴宜入有关各类。例:《冶金年鉴》为 TF-54。
    如愿集中于此,可用组配编号法。例:《冶金年鉴》为 Z58:TF。

Z6 期刊、连续性出版物

    综合性期刊、连续性出版物入此。

Z62 中国期刊、连续性出版物

    按期刊名称排,再按出版年代排。

Z63/67 各国期刊、连续性出版物

    依世界地区表分。

[Z68] 专科期刊、连续出版物

    专门性期刊、连续性出版物宜入有关各类。例:《世界农业》(期刊)为 S-55。
    如愿集中于此,可用组配编号法,例:《世界农业》(期刊)为 Z68:S。

Z8 图书报刊目录、文摘、索引

    目录学、图书编目法、索引法入 G25 有关各类。
    〈4 版类名:图书目录、文摘、索引〉

Z81 国家总目录

    全国和地方出版的总目录入此。

各类目录按其性质分入有关各类。

Z812　　　中国
Z812.1　　全国总书目
　　　　　　新中国成立后出版的全国总书目入此。
　　　　　　依出版年代排。

Z812.2　　地方目录
　　　　　　新中国成立后各地方出版物目录入此。
　　　　　　依中国地区表分。

Z812.3/.6　各时代总目录
　　　　　　新中国成立前历代出版的总目录入此。
　　　　　　依中国时代表分。例:《汉书艺文志》为 Z812.34。

Z813/817　各国
　　　　　　依世界地区表分。

Z82　　**图书馆藏书目录**
　　　　　　各图书馆所编的综合性藏书目录入此。
　　　　　　特种和专科目录入有关各类。例:《北京图书馆善本书目》入 Z838;图书馆藏期刊目录入 Z87、Z88。

Z822　　　中国
Z822.0　　图书馆藏书联合目录
　　　　　　依中国地区表分。
Z822.1　　公共图书馆藏书目录
Z822.2　　工矿图书馆藏书目录
Z822.3　　农村图书馆藏书目录
　　　　　　乡镇图书馆藏书目录入此。
Z822.4　　机关图书馆藏书目录
　　　　　　部队图书馆藏书目录入此。
Z822.5　　科学研究部门图书馆藏书目录
Z822.6　　高等院校图书馆藏书目录
Z822.7　　中小学图书馆藏书目录
Z822.8　　少年儿童图书馆藏书目录
Z822.9　　其他
　　　　　　私立图书馆、盲人图书馆等的藏书目录入此。

Z823/827　各国
　　　　　　依世界地区表分。

Z83　　**各类型目录**
Z84　　**私家藏书目录**

Z85	**出版发行目录**	

　　　　　　机关出版物目录入此。

Z852　　　中国

　　　　　　依中国时代表分。

Z853/857　各国

　　　　　　依世界地区表分。

Z86　　**个人著作目录**

Z862　　　中国

　　　　　　依中国时代表分。

　　　　　　依著作人排。

Z863/867　各国

　　　　　　依世界地区表分。

　　　　　　依著作人排。

Z87　　**期刊目录、报纸目录**

　　　　　　综合性报刊目录和综合性报刊联合目录入此。

　　　　　　专科报刊目录入 Z88。

Z88　　**专科目录**

　　　　　　专科、专题的书、刊目录入此。

　　　　　　可按本分类法体系分,即将各学科的分类号码加于本类号之后,用组配符号"："组合。例：医学书目为 Z88：R。

　　　　　　如愿入有关各类,可在各学科的类号后再加总论复分号-7。

Z89　　**文摘、索引**

　　　　　　综合性文摘、索引入此；专科、专题的文摘、索引也入此。

　　　　　　按本分类法体系分,即将各学科的分类号码加于本分类号之后,用组配符号"："组合。例：化工文摘为 Z89：TQ。

　　　　　　如愿入有关各类,可在各学科的类号后再加总论复分号-7。

通 用 复 分 表

一、总论复分表

1.本表适用于任何一级类目,但各馆可结合具体情况斟酌使用。例如,可规定用到三级类目或在主表部分类目下重点使用,或选择本表的部分类目使用。

2.使用本表时,将所用的复分号(连同"-")加在主表分类号码后即可。例:《哲学辞典》的号码是 B-61。

3.在主表中,如已列有专类者,不再使用本表的相应类目复分。

4.具有本复分表中两种以上特征的文献,只可选择其中主要的一种加以复分,不能在同一个类号中同时使用两个总论复分表的号码;若不易区分主次时,按编列在前的类目复分。

-0　　理论与方法论
　　　　　　科学的对象、任务、价值、意义等入此。
-01　　方针、政策及其阐述
　　　　　　依世界地区表分。
[-019]　法令、法规及其阐述
　　　　　　宜入 D9 有关各类。
-02　　哲学原理
　　　　　　科学的思想性入此。
-03　　方法论
　　　　　　科学逻辑学、比较研究入此。
-04　　术语规范及交流
　　　　　　学科术语、符号及缩略语的规范研究等入此。
-05　　与其他学科的关系
-06　　学派、学说及其评论研究
　　　　　　〈4 版类名:学派与学说〉
{-08}　　资产阶级理论及其评论研究
　　　　　　〈停用;5 版改入表-06〉
-09　　历史
　　　　　　学史、思想史、技术史等入此。

各学科人物传记入 K81 有关各类。
依世界地区表分。

-1　概况、现状、进展
依世界地区表分,中国再依中国地区表分。如有必要,再依下表分。
〈4 版类名:现状及发展〉

```
01　水平、动态
       学科概况、学科介绍等入此。
02　规划、计划
03　预测、展望、趋势
05　技术座谈
06　生产总结
```

-18　专利
-19　创造发明、先进经验
　　　奖项入此。

-2　机构、团体、会议
包括章程、历史、概况、活动、成员名录、年报、工作报告等。
-20　国际组织
　　　国际性机构及区域性机构等入此。

-23/-29　各种机构、团体、会议
依世界地区表分,中国再依中国地区表分。

-23　社会团体[②③]
-24　研究机构[②③]
-26　学术团体、学会、协会[②③]
-27　学术会议、专业会议[②③]
-28　展览会、展览馆、博物馆[②③]
-289　图书馆、信息服务机构、咨询机构[②③]
-29　生产单位、企业[②③]

-3　研究方法、工作方法
比较研究入总论复分表-03。
-31　调查方法、工作方法
-32　统计方法、计算方法
-33　实验、试验的方法与设备

〈4版类名:实验、试验方法与实验、试验设备〉

-34　　分析研究、测试与鉴定

　　　　　　观测、检验等入此。

　　　　　〈4版类名:分析研究、观测、测试、鉴定与检验〉

-35　　技术条件

-36　　组织方法、管理方法

　　　　　〈4版类名:组织管理、生产管理〉

-37　　数据处理

　　　　　　数据库建设入此。

　　　　　　文献数据库建设入 G250.74。

-39　　信息化建设、新技术的应用

　　　　　　电子技术、计算机技术、网络通信技术的应用,网站建设等入此。

　　　　　〈4版类名:新技术的应用〉

-4　**教育与普及**

　　　　　　中小学各科教学法、教学参考书和教材等入 G4 教育类。

　　　　　　如愿按学科分入有关各类时,均用此号复分。

-40　　教育组织、学校

-41　　教学计划、教学大纲、课程

-42　　教学法、教学参考书

-43　　教材、课本

　　　　　〈4版类名:教材〉

-44　　习题、试题及题解

-45　　教学实验、实习、实践

　　　　　〈4版类名:教学实验、实习〉

-46　　教学设备

　　　　　　教具、教学仪器等入此。

-47　　考核、评估、奖励

　　　　　　资格考试入此。

-49　　普及读物

-5　**丛书、文集、连续出版物**

-51　　丛书(汇刻书)、文库

-52　　全集、选集

-53　　论文集

-532　　　会议录

通用复分表

-533　学位论文、毕业论文
-539　杂著
　　　　　文学性杂文集入 I 有关各类
-54　年鉴、年刊
-55　连续出版物
　　　　　期刊、报纸、丛刊等入此。
　　　　　〈4 版类名:连续性出版物〉
-56　政府出版物、团体出版物

-6　参考工具书
-61　名词术语、词典、百科全书(类书)
-62　手册、名录、指南、一览表、年表
[-629]　年鉴
　　　　　宜入总论复分表-54。
-63　产品目录、产品样本、产品说明书
　　　　　图书目录入 Z8。
-64　表解、图解、图册、谱录、数据、公式、地图
-65　条例、规程、标准
-66　统计资料
-67　参考资料

[-7]　文献检索工具
　　　　　专科文献情报研究、专科目录索引研究宜入 G257.3;专科文献目录宜入 Z88、索引宜入 Z89。
　　　　　如愿在各学科作互见分类或愿直接分入各学科者,可用此号复分。

-79　非书资料、视听资料
　　　　　总论音像制品(声像资料)、电子文献、电子出版物等入此。
-791　缩微制品
　　　　　缩微胶卷、缩微平片等入此。
-792　录音制品
　　　　　唱片、录音带等非计算机可读资料入此。
　　　　　〈唱盘(CD),5 版改入总论复分表-794〉
-793　感光制品、录像制品
　　　　　电影片、幻灯片、录像带等非计算机可读资料入此。
　　　　　〈VCD、DVD 等录像资料,5 版改入总论复分表-794〉

-794　　　机读资料

　　　　　　　计算机可读资料、光盘资料、多媒体资料等入此。

　　　　　　　网络资源入总论复分表-795。

-795　　　网络资源

　　　　　　　网站、网页、网络数据库等入此。

-8　通用概念

　　　　　　《中国分类主题词表》的通用概念对应类目。

-81　　　一般通用概念
-82　　　形状、尺寸通用概念
-83　　　数量、数值、程度通用概念
-84　　　性质、性能、特征通用概念
-85　　　状态、现象、过程通用概念
-87　　　形式、方式通用概念

二、世界地区表

1.本表主要是根据自然区划编列的,以便于处理世界各个地区和国家的著作。

2.凡主表中已注明"依世界地区表分"的,均用本表复分。

3.在本表所列的世界各个地区下(如亚洲、东南亚),如采用其他标准细分时,则必须在地区号码后加"0",以便与该地区所属的国家区别开来。例:《北美洲地理》号码为K971.02。

4.凡主表中未注明"依世界地区表分"而用本表复分时,地区号码须加国家地区区分标识"( )"。例:英语地区的艺术概况号码为J11(191.1);加拿大小麦育种经验号码为S512.103(711)。

1	世界
11	东半球
12	西半球
128	南半球
129	北半球
16	自然地带
161	热带、赤道带
	热带雨林入此。
162	亚热带
163	温带
164	亚寒带
165	寒带
166	极地
166.1	南极(南极洲)
166.2	北极
17	陆地
171	平原
172	草原
173	沙漠
174	黄土地、高原、台地
175	盆地
176	山脉、丘陵

	山地入此。
177	河流
178	湖泊、沼泽
	湿地入此。
179.1	岛屿、半岛
179.2	大陆架
18	**海洋**

环海洋地区入此。

181	太平洋（总论）

环太平洋地区入此。

北太平洋入世界地区表 182；南太平洋入世界地区表 183。

182	北太平洋
182.1	白令海
182.2	鄂霍次克海
182.3	日本海
182.4	渤海

环渤海地区入此。

182.5	黄海
182.6	东海
182.69	台湾海峡
182.7	南海
182.79	北部湾
182.8	加利福尼亚湾
182.9	阿拉斯加湾
183	南太平洋
183.1	苏禄海
183.2	苏拉威西海（西里伯斯海）
183.3	爪哇海
183.4	班达海
183.5	阿拉弗拉海
183.6	珊瑚海
183.7	塔斯曼海
183.8	菲吉海
184	印度洋
184.1	孟加拉湾

184.2	安达曼海
184.3	阿拉伯海
184.4	阿曼湾
184.5	波斯湾
184.6	亚丁湾
184.7	红海
185	大西洋
185.1	北大西洋
185.2	北海
185.3	波罗的海
185.4	挪威海
185.5	哈得孙湾
185.6	西大西洋
185.7	墨西哥湾
185.8	加勒比海
185.9	南大西洋

几内亚湾入此。

186	地中海

环地中海地区入此。

186.1	利古里亚海
186.2	第勒尼安海
186.3	爱奥尼亚海
186.4	亚德里亚海
186.5	爱琴海
186.6	累旺特海
186.7	黑海
187	北冰洋
187.1	格陵兰海
187.2	巴伦支海
187.3	白海
187.4	喀拉海
187.5	巴芬湾
188	南大洋
188.1	威德尔海
188.2	罗斯海

19 按语种、人种、宗教、集团区分的地区

191.1	英语语言地区
191.2	法语语言地区
191.3	德语语言地区
191.4	西班牙语地区
191.5	葡萄牙语地区
191.6	俄语语言地区

斯拉夫语地区入此。

191.7	日语语言地区
191.8	阿拉伯语语言地区

参见世界地区表 371。

191.9	汉语语言地区
193.1	蒙古利亚人种居住区
193.2	尼格罗人种居住区
193.3	欧罗巴人种居住区
194.1	基督教占主导地区
194.2	伊斯兰教(回教)占主导地区
194.3	佛教占主导地区
194.4	印度教占主导地区
194.5	犹太教占主导地区
195.1	发达国家或地区
195.2	发展中国家或地区

第三世界入此。

195.5	东方国家
195.6	西方国家
196.1	北大西洋公约组织(北约)国家
196.2	欧洲联盟(欧盟)国家
196.3	华沙条约(华约)国家
196.4	不结盟集团国家
196.5	阿拉伯联盟(阿盟)国家
196.6	东南亚联盟(东盟)国家
196.7	亚太经济合作组织国家
196.8	上海合作组织国家
196.9	其他合作组织国家

198 古代地区

指与现代地区疆域差异较大的古代地区。

198.1/.8		古代地区

用于需要"-09"细分、再用世界地区表进一步区分的类,或用于类似"-09"具有历史属性并已注明需要依世界地区表细分的类,例:古罗马农艺史号码为 S3-091.985;或用于具有历史属性需要按世界地区表细分又未注明的类,例:古罗马艺术史号码为 J110.92(198.5)。

198.1		古代东方

总论入此。

198.2		巴比伦王国
198.3		波斯帝国
198.4		古代希腊
198.5		古代罗马
198.7		拜占庭帝国
198.8		阿拉伯帝国
2		中国

如有必要,可再依中国地区表分。

3		亚洲
31		东亚

论述"远东"的著作入此。

311		蒙古
312		朝鲜

论述朝鲜半岛的著作入此。

312.5		朝鲜民主主义人民共和国
312.6		韩国
313		日本
33		东南亚

论述"中南半岛"(印度支那半岛)、"南洋群岛"的著作入此。

333		越南
334		老挝
335		柬埔寨
336		泰国
337		缅甸
338		马来西亚
339		新加坡
341		菲律宾

342	印度尼西亚	
344	文莱	
346	东帝汶	
35	**南亚**	

   印度半岛入此。

351	印度
353	巴基斯坦
354	孟加拉国
355	尼泊尔
356	锡金
357	不丹
358	斯里兰卡
359	马尔代夫
36	**中亚及外高加索地区**

   〈4版类名：中亚〉

361	哈萨克斯坦

   1991年由苏联独立出来的国家。

362	乌兹别克斯坦

   1991年由苏联独立出来的国家。

363	土库曼斯坦

   1991年由苏联独立出来的国家。

364	吉尔吉斯斯坦

   1991年由苏联独立出来的国家。

365	塔吉克斯坦

   1991年由苏联独立出来的国家。

367	格鲁吉亚

   1991年由苏联独立出来的国家。

368	阿塞拜疆

   1991年由苏联独立出来的国家。

369	亚美尼亚

   1991年由苏联独立出来的国家。

37 **西亚（西南亚）**

   论述"中东"、"近东"的著作入此。

371 阿拉伯地区（总论）

   专论古代阿拉伯帝国著作入世界地区表198.8。
   参见世界地区表191.8。

372	阿富汗
373	伊朗
374	土耳其

    包括土耳其欧洲部分。

375	塞浦路斯
376	叙利亚
377	伊拉克
378	黎巴嫩
379	约旦
381	巴勒斯坦
382	以色列
383	科威特
384	沙特阿拉伯
385	卡塔尔
386	巴林
387	阿拉伯联合酋长国
388	阿曼
391	也门民主人民共和国

    存在时间为1970—1990年,1990年与阿拉伯也门共和国合并为也门。

392 阿拉伯也门共和国

    存在时间为1962—1990年,1990年与也门民主人民共和国合并为也门。

393 也门

    1962年以前与1990年以后的也门。总论入此。

4	非洲
41	北非
411	埃及
412	苏丹
413	利比亚
414	突尼斯
415	阿尔及利亚
416	摩洛哥
417	亚速尔群岛(葡属)

    〈4版类名:亚速尔群岛〉

418		马德拉群岛
42		**东非**
421		埃塞俄比亚
		厄立特里亚(1993 以后)入世界地区表 421.9。
		〈4 版类名:埃塞俄比亚、厄立特里亚〉
421.9		厄立特里亚
		1993 年由埃塞俄比亚脱离出来的国家。
422		索马里
423		吉布提
		〈4 版类名:吉布提共和国〉
424		肯尼亚
425		坦桑尼亚
426		乌干达
427		卢旺达
428		布隆迪
429		塞舌尔
		〈4 版类名:塞舌耳〉
43		**西非**
		总论赤道非洲入此。
431		毛里塔尼亚
432		西撒哈拉
433		加那利群岛
434		塞内加尔
435		冈比亚
436		尼日尔
437		尼日利亚
438		喀麦隆
439		赤道几内亚
441		圣多美和普林西比
442		布基纳法索
443		贝宁
444		多哥
445		加纳
446		科特迪瓦
447		利比里亚

448	马里
449	塞拉利昂
451	几内亚
452	几内亚比绍
453	佛得角
46	**中非**
461	乍得
462	中非共和国
463	刚果民主共和国(扎伊尔)

刚果(金)入此。

464	刚果共和国

刚果(布)入此。

〈4版类名:刚果〉

465	加蓬
466	卡奔达
47	**南非**
471	莫桑比克
472	马拉维
473	赞比亚
474	安哥拉
475	津巴布韦
476	博茨瓦纳
477	纳米比亚

〈4版类名:纳米比亚(西南非洲)〉

478	南非共和国

〈4版类名:南非(阿扎尼亚)〉

479	斯威士兰
481	莱索托
482	马达加斯加
483	科摩罗
484	毛里求斯
485	留尼汪岛
486	圣赫勒拿和阿森松岛(英属)

〈4版类名:圣赫勒拿和阿森松岛〉

5		欧洲
51		东欧、中欧
[511.2]		俄罗斯
		宜入世界地区表512。
511.3		乌克兰
		1991年由苏联独立出来的国家。
511.4		白俄罗斯
		1991年由苏联独立出来的国家。
511.5		摩尔多瓦(摩尔达维亚)
		1991年由苏联独立出来的国家。
511.6		爱沙尼亚
		1991年由苏联独立出来的国家。
511.7		拉脱维亚
		1991年由苏联独立出来的国家。
511.8		立陶宛
		1991年由苏联独立出来的国家。
512		俄罗斯及苏联
		苏联存在时间为1917—1991年,1991年独立为俄罗斯、乌克兰等15个国家。
		独联体入此。
513		波兰
514		捷克斯洛伐克
		存在时间为1918—1992年,1992年解体为捷克与斯洛伐克两个国家。
515		匈牙利
516		德国
		1945年解体为德意志民主共和国与德意志联邦共和国,1990年合并为一个国家。
517		德意志民主共和国
		存在时间为1945—1990年,1990年与德意志联邦共和国合并为德国。
518		德意志联邦共和国
		存在时间为1945—1990年,1990年与德意志民主共和国合并为德国。
519		卢森堡
521		奥地利
522		瑞士
523		列支敦士登
524		捷克

	1992年由捷克斯洛伐克独立出来的国家。
525	斯洛伐克
	1992年由捷克斯洛伐克独立出来的国家。

53　北欧

论述斯堪的纳维亚半岛的著作入此。

531	芬兰
532	瑞典
533	挪威
534	丹麦
535	冰岛
537	法罗群岛(丹属)

54　南欧(东南欧、西南欧)

论述巴尔干半岛、伊比利亚半岛的著作入此。

541	阿尔巴尼亚
542	罗马尼亚
543	南斯拉夫

论述"前南地区"的著作入此。

1992年解体为南斯拉夫联邦(塞—黑联邦)、克罗地亚等国家。

544	保加利亚
545	希腊

总论古代希腊入世界地区表198.4。

546	意大利
547	梵蒂冈
548	圣马力诺
549	马耳他
551	西班牙
552	葡萄牙
553	安道尔
554	直布罗陀
[555.1]	南斯拉夫联邦(塞—黑联邦)

宜入世界地区表543。

555.2	黑山共和国

2006年由塞—黑联邦独立出来的国家。

555.3	克罗地亚

1992年由南斯拉夫独立出来的国家。

555.4	斯洛文尼亚

	1992年由南斯拉夫独立出来的国家。
555.5	波斯尼亚-黑塞哥维那
	1992年由南斯拉夫独立出来的国家。
555.6	马其顿
	1992年由南斯拉夫独立出来的国家。
56	**西欧**
561	英国
	总论英联邦国家入此。
562	爱尔兰
563	荷兰
564	比利时
565	法国
566	摩纳哥
6	**大洋洲及太平洋岛屿**
61	**澳、新、巴地区**
611	澳大利亚
612	新西兰
613	巴布亚新几内亚
63	**波利尼西亚**
	夏威夷群岛入世界地区表712。
631	中途岛
632	威克岛
633	莱恩群岛
636	托克劳群岛(尤宁群岛)
637	东萨摩亚
638	萨摩亚
	1997年西萨摩亚更名为萨摩亚。
	〈4版类名:西萨摩亚〉
639	汤加
641	库克群岛
642	纽埃岛
643	皮特克恩岛(英属)
	亦称皮特凯恩岛。
	〈4版类名:皮特克恩岛(皮特凯恩岛)〉
644	法属波利尼西亚

包括社会群岛、土布艾群岛、土阿莫土群岛、马克萨斯群岛、甘比尔群岛。

646　　　图瓦卢
　　　　　　　埃利斯群岛入此。
648　　　瓦利斯和富图纳（法属）
65　**密克罗尼西亚**
651　　　北马里亚纳群岛联邦（美属）
　　　　　　〈4版类名：马里亚纳群岛联邦〉
652　　　帕劳
　　　　　　1980年改名为帕劳。
　　　　　　〈4版类名：贝劳共和国〉
653　　　马绍尔群岛
　　　　　　〈4版类名：马绍尔群岛共和国〉
654　　　关岛
655　　　瑙鲁
656　　　基里巴斯
　　　　　　菲尼克斯群岛入此。
　　　　　　〈4版类名：基里巴斯共和国〉
657　　　密克罗尼西亚联邦
66　**美拉尼西亚**
661　　　斐济
662　　　所罗门群岛
663　　　瓦努阿图
　　　　　　〈4版类名：瓦努阿图共和国〉
664　　　新喀里多尼亚岛

7　**美洲**
71　**北美洲**
711　　　加拿大
712　　　美国
　　　　　　夏威夷群岛入此。
713　　　格陵兰
714　　　百慕大
715　　　圣皮埃尔和密克隆群岛
　　　　　　〈4版类名：圣皮埃尔岛和密克隆岛〉
73　**中美洲**
　　　　　　总论拉丁美洲的著作入此。

〈4版类名：拉丁美洲、中美洲〉

731	墨西哥
741	危地马拉
742	洪都拉斯
743	伯利兹
744	萨尔瓦多
745	尼加拉瓜
746	哥斯达黎加
747	巴拿马

巴拿马运河区入此。

75　西印度群岛

加勒比海群岛等入此。

751	古巴
752	海地
753	多米尼加

多米尼加共和国入此。

754	牙买加
755	波多黎各
756	开曼群岛（英属）
757	维尔京群岛（美属）
758	维尔京群岛（英属）
759	瓜德罗普岛
761	马提尼克岛
762	巴巴多斯
763	向风群岛
764	背风群岛
765	安的列斯（荷属）
766	圣卢西亚
767	特立尼达和多巴哥
768	巴哈马
769.1	格林纳达
769.2	多米尼克

多米尼加联邦（英属）入此。

〈4版类名：多米尼加联邦〉

769.3	圣文森特和格林纳丁斯

769.4	安提瓜和巴布达
769.5	圣基茨和尼维斯联邦
	〈4版类名:圣克里斯托弗和尼维斯联邦〉
769.6	特克斯和凯科斯群岛(英属)
769.7	安圭拉(英属)
769.8	蒙特塞拉特(英属)
769.9	阿鲁巴(荷属)
77	**南美洲**
771	圭亚那共和国
772	苏里南
	荷属圭亚那入此。
773	圭亚那(法属)
774	委内瑞拉
775	哥伦比亚
776	厄瓜多尔
777	巴西
778	秘鲁
779	玻利维亚
781	巴拉圭
782	乌拉圭
783	阿根廷
784	智利
785	马尔维纳斯群岛(福克兰群岛)
8	**外太空**
	地球外的世界入此。

三、中国地区表

1.凡主表中已注明"依中国地区表分"的,均用本表复分,即将本表的号码加于主表分类号码之后即可。

2.凡主表中未注明"依中国地区表分",而需用本表复分时,中国地区号码前需先加中国地区号"2",并用国家地区区分标识"( )"。例:上海地铁工程设计号码为U231(251);河北省婚丧习俗号码为K892.22(222)。

3.表内类名带有[ ]符号的地区,是为处理旧图书资料而编列的。

4.在本表所列的中国各地区如再采用其他标准细分时,必须在地区号码后加"0",以便与本地区所属的省、直辖市区别开。例:华北沙漠区域地理号码为P942.207.3。

5.以下中央直辖市、省、自治区,可依下表分。如有特殊需要,可在类号最后加地名的前两个字的汉语拼音首字母以便同类书排列。例:北京市西城区为13XC;四川省广安市为713GA;东海县为534DH。

1	省(自治区)人民政府所在地
2	各专区、自治州、盟
3	中央直辖市属各区、各地级市
4	各县、县级市
	各地级市所属各区、自治县、旗等入此。
5	各镇、乡、街道
	民族乡、苏木、民族苏木等入此。

1 　　　北京市

2 　　　华北地区
　　　　　黄河流域、华北平原所属地区入此。
　　　　　北京市入中国地区表1。
21 　　　天津市
22 　　　河北省
23 　　　[热河省](1928—1955)
24 　　　[察哈尔省](1928—1952)
25 　　　山西省
26 　　　内蒙古自治区

　　　　　　内蒙古高原所属地区入此。
27　　　［绥远省］(1928—1954)
28　　　［外蒙古］(—1920)

3　　东北地区
　　　　　　辽河流域、东北平原所属地区入此。
31　　　辽宁省
32　　　［辽东省］(1949—1954)
33　　　［辽西省］(1949—1954)
34　　　吉林省
35　　　黑龙江省
36　　　［松江省］(1949—1954)

4　　西北地区
　　　　　　黄河中、上游，黄土高原所属地区入此。
41　　　陕西省
42　　　甘肃省
43　　　宁夏回族自治区
44　　　青海省
45　　　新疆维吾尔自治区

5　　华东地区
　　　　　　长江流域，长江三角洲(长三角)地区，长江中、下游平原所属地区入此。
51　　　上海市
52　　　山东省
53　　　江苏省
54　　　安徽省
55　　　浙江省
56　　　江西省
57　　　福建省
58　　　台湾省
　　　　　　澎湖列岛、钓鱼岛等地区入此。

6　　中南地区
　　　　　　珠江流域、东南丘陵所属地区入此。

61	河南省
62	［平原省］(1949—1952)
63	湖北省
64	湖南省
65	广东省

珠江三角洲(珠三角)地区、粤港澳地区入此。

658	香港
659	澳门
66	海南省

南海诸岛入此。

67	广西壮族自治区

7　西南地区

青藏高原、云贵高原所属地区入此。

71	四川省

四川盆地地区入此。

719	重庆市
72	［西康省］(1928—1955)
73	贵州省
74	云南省
75	西藏自治区

四、国际时代表

凡主表中已注明"依国际时代表分"的,均用本表复分。分类表中未注明者,用本表复分时,分类号前须添加时代区分号"="。

1	上古(约 170 万年前—约公元前 4000 年)	
	原始社会或太古时期入此。	
	〈4 版类名:原始社会(约 50 万年前—公元前 3500 年)〉	
2	古代(公元前约 4000 年—公元 475 年)	
	〈4 版类名:古代(约公元前 3500 年—公元 475 年)〉	
3	中世纪(476—1639 年)	
31	中世纪早期(5—11 世纪)	
311	6 世纪(476—599 年)	
312	7 世纪(600—699 年)	
313	8 世纪(700—799 年)	
314	9 世纪(800—899 年)	
315	10 世纪(900—999 年)	
316	11 世纪(1000—1099 年)	
32	中世纪中期(12—15 世纪)	
321	12 世纪(1100—1199 年)	
322	13 世纪(1200—1299 年)	
323	14 世纪(1300—1399 年)	
	总论文艺复兴时期入此。	
324	15 世纪(1400—1499 年)	
33	中世纪晚期(16—17 世纪上半期)	
331	16 世纪(1500—1599 年)	
332	17 世纪早期(1600—1639 年)	
	总论 17 世纪入此。	
4	近代(1640—1917 年)	
41	17 世纪中、后期到 19 世纪 60 年代(1640—1869 年)	
	英国资产阶级革命至巴黎公社前夕时期及总论 18 世纪入此。	

43	19世纪70年代至20世纪初期(1870—1917年)
	总论巴黎公社至十月社会主义革命前夕时期、第一次世界大战时期及总论19世纪入此。
{44}	第一次世界大战时期(1914—1918年)
	〈停用;5版改入国际时代表43〉

5	**现代(1917年—)**
	论述20世纪的著作入此。
	第一次世界大战入国际时代表43。
51	20世纪早期(1917—1939年)
	苏联十月社会主义革命至第二次世界大战爆发时期入此。
52	第二次世界大战时期(1939—1945年)
53	第二次世界大战以后时期至20世纪末(1945—1999年)
531	20世纪40年代后期(1945—1949年)
532	20世纪50年代(1950—1959年)
533	20世纪60年代(1960—1969年)
534	20世纪70年代(1970—1979年)
535	20世纪80年代(1980—1989年)
536	20世纪90年代(1990—1999年)

6	**21世纪(2000年—)**

五、中国时代表

1.本表用于区分中国历史上的时期和朝代。凡主表中已注明"依中国时代表分"的,均用本表复分。

2.凡分类表中具有中国属性的类目,未注明依本表复分而又需要复分时,应前置时代区分标识"="。例:20世纪90年代中国高等教育改革号码为G649.21=75。

3.分类表中不具有国家区域属性的类目,需用本表复分时,必须先依世界地区表分,再依本表分,并相应加国家地区区分标识"( )"和时代区分标识"="。例:新中国成立前编的图书分类表号码为G254.12(2)=6。

1		上古(约170万年前—约公元前2070年)
		原始社会或太古时期入此。
		〈4版类名:原始社会(约50万年前—4000多年前)〉
2		先秦(约公元前2070年—公元前221年)
		总论古代或奴隶社会入此。
		〈4版类名:奴隶社会(公元前21世纪—公元前475年)〉
	21	三代(约公元前2070年—公元前770年)
		〈4版类名:三代(公元前21世纪—公元前770年)〉
	22	夏(约公元前2070年—公元前1600年)
		〈4版类名:夏(公元前21世纪—公元前16世纪)〉
	23	商(约公元前1600年—公元前1046年)
		〈4版类名:商(公元前16世纪—公元前11世纪)〉
	24	西周(约公元前1046年—公元前770年)
		兼论东周入此。
		〈4版类名:西周(公元前11世纪—公元前770年)〉
	25	春秋(公元前770年—公元前475年)
		总论东周入此。
	26	战国(公元前475年—公元前221年)
		〈4版入中国时代表31〉
3		秦、汉至南北朝(公元前221年—公元589年)
		总论封建社会入此。
		〈封建社会(公元前475年—公元1840年)〉
	{31}	战国(公元前475年—公元前221年)
		〈停用;5版改入中国时代表26〉

32	秦、汉(公元前 221 年—公元 220 年)
33	秦(公元前 221 年—公元前 207 年)
34	汉(公元前 206 年—公元 220 年)
341	西汉(前汉)(公元前 206 年—公元 24 年)

王莽时期入此。

342	东汉(后汉)(25—220 年)
35	三国、晋、南北朝(220—589 年)

总论魏晋南北朝时期或六朝时期入此。

36	三国(220—280 年)
361	魏(220—265 年)
362	蜀(221—263 年)
363	吴(222—280 年)
37	晋(265—420 年)
371	西晋(265—316 年)
372	东晋(317—420 年)
38	十六国(304—439 年)

包括成汉、前凉、前赵、后赵、前燕、前秦、后燕、后秦、西秦、后凉、南燕、北凉、南凉、西凉、夏、北燕。

39	南北朝(386—589 年)
391	南朝(420—589 年)

刘宋、南齐、梁、陈入此。

392	北朝(386—581 年)

北魏、东魏、西魏、北齐、北周入此。

4　隋、唐至清前期(581—1840 年)

总论中古时期入此。

41	隋(581—618 年)
42	唐(618—907 年)
421	初唐(618—713 年)
422	盛唐(713—766 年)
423	中唐(766—827 年)
424	晚唐(827—907 年)
43	五代、十国(907—979 年)
431	五代(907—960 年)

包括后梁、后唐、后晋、后汉、后周。

432	十国(907—979 年)

包括吴、南唐、吴越、楚、闽、南汉、前蜀、后蜀、南平(荆南)、北汉。

44	宋(960—1279年)
441	北宋(960—1127年)
442	南宋(1127—1279年)
46	辽、金、西夏(916—1234年)

〈4版类名:辽、金(916—1234年)〉

461	辽(契丹,916—1125年)、西辽(1124—1218年)
463	西夏(大夏,1038—1227年)
464	金(女真,1115—1234年)
47	元(1271—1368年)
48	明(1368—1663年)

南明(1644—1663年)入此。

49	清前期(1616—1840年)

总论清朝入此。

〈4版类名:清(前期,1616—1839年)〉

5 近代(1840—1949年)

论述半殖民地、半封建社会(1840—1949年)、旧民主主义革命时期(1840—1919年)入此。

〈4版类名:半殖民地、半封建社会(1840—1949年)〉

52 清后期(1840—1911年)

清朝咸丰、同治、光绪、宣统各朝及辛亥革命后清宫情况等入此。

〈4版类名:清(后期,1840—1911年)〉

6 民国时期(1912—1949年)

总论20世纪、新民主主义革命时期(1919—1949年)入此。

7 中华人民共和国(社会主义革命和社会主义建设时期)(1949年—)

71 20世纪50年代(1949—1959年)

总论新中国成立初期入此。

72 20世纪60年代(1960—1969年)

总论"文革"时期入此。

73 20世纪70年代(1970—1979年)
74 20世纪80年代(1980—1989年)

总论改革开放时期入此。

75 20世纪90年代(1990—1999年)
76 21世纪(2000年—)

六、世界种族与民族表

1.凡主表中注明依"世界种族与民族表"分时,可使用本表复分。
2.凡主表中未注明依"世界种族与民族表"分,而需用本表复分时,分类号前须加""。

1	世界种族
11	蒙古人种(黄种)
12	高加索人种(白种)
13	尼格罗人种(黑种)
14	高加索-蒙古人种
15	蒙古-尼格罗人种
16	尼格罗-高加索人种
17	高加索-蒙古-尼格罗人种
18	澳大利亚人种(棕种)

2　　中国各民族
　　　　　如有必要,可再依中国民族表细分。

3　　亚洲各民族
31　　东亚各民族
311　　喀尔喀蒙古人
　　　　　参见中国民族表12。
312　　朝鲜人
　　　　　参见中国民族表19。
313　　日本人(大和族)
314　　阿伊努人(虾夷人)
319　　东亚其他民族
33　　东南亚各民族
　　　　　总论中南半岛各民族、南太平洋群岛各民族等入此。
333.1　　越人(京人)
　　　　　参见中国民族表82。
333.2　　芒人
333.3　　曼人(瑶人、勉人)

参见中国民族表51。

333.4	侬人
333.5	岱人
333.6	赫蒙人（苗人）

参见中国民族表16。

333.7	摩伊人

埃地人、扎雷人入此。

334.1	寮人（老挝人）
334.2	老听人
334.3	老松人
335	高棉人
336	泰人（暹罗人）

参见中国民族表53、中国民族表18。

336.8	克木人
336.9	占人
337.1	缅人
337.2	克伦人
337.3	掸人
337.4	若开人
337.5	钦人
337.6	克钦人
337.7	克耶人
337.8	孟人
338.1	马来人
338.2	塞诺人
338.3	塞芒人
341	菲律宾人
341.1	比萨扬人（米沙鄢人）
341.2	他加禄人
341.3	伊洛克人
341.4	比科尔人
341.5	伊富高人
341.6	阿埃塔人
341.7	摩洛人
342	印度尼西亚人

342.1		爪哇人
342.2		巽他人
342.3		马都拉人
342.4		班查尔人
342.5		米南卡保人
342.6		亚齐人
342.7		库布人
342.8		巴塔克人
342.91		巴厘人
342.92		布吉人
342.93		望加锡人
342.94		萨萨克人
342.98		达雅克人
349		东南亚其他民族
35	**南亚各民族**	
351		印度民族
351.11		印度斯坦人（兴都斯坦人）
351.12		阿萨姆人
351.13		奥里亚人
351.14		比哈尔人
351.15		拉贾斯坦人
351.16		古吉拉特人
351.17		马拉地人
351.18		那加人
351.19		泰卢固人
351.21		泰米尔人
351.22		坎纳拉人
351.23		马拉雅兰人
351.24		桑塔尔人
351.25		蒙达人
351.26		尼科巴人
351.27		安达曼人
351.28		贡德人
351.29		霍人
351.31		锡克人

351.9	达罗毗荼人
352	克什米尔人
353.1	旁遮普人
353.2	信德人
353.3	俾路支人
353.4	科希斯坦人
353.5	布拉灰人
354	孟加拉人
355.1	廓尔喀人（尼泊尔人）
355.2	尼瓦尔人
355.3	古隆人
355.4	拉伊人
355.5	马嘉人
355.6	林布人
356	雷布查人
357	菩提亚人
358.1	僧伽罗人
358.2	维达人
359	马尔代夫人
359.9	南亚其他民族
36	**中亚及外高加索地区各民族**

〈4版类名：中亚各民族〉

361	哈萨克人

参见中国民族表36。

362	乌孜别克人

参见中国民族表38。

363	土库曼人
364	吉尔吉斯人
365	塔吉克人

参见中国民族表41。

[366.1]	卡拉卡尔帕克人

宜入世界种族与民族表512.81。

[366.2]	图瓦人

宜入世界种族与民族表512.82。

[366.3]	布里亚特人

宜入世界种族与民族表 512.83。
[366.4]　　雅库特人
　　　　　　　宜入世界种族与民族表 512.84。
367　　　格鲁吉亚人
368　　　阿塞拜疆人
369　　　亚美尼亚人
37　　西亚各民族
371　　　阿拉伯人
371.1　　　德鲁兹人
371.2　　　贝都因人
[371.3]　　叙利亚人
　　　　　　　宜入世界种族与民族表 376。
[371.4]　　伊拉克人
　　　　　　　宜入世界种族与民族表 377。
[371.5]　　黎巴嫩人
　　　　　　　宜入世界种族与民族表 378。
[371.6]　　约旦人
　　　　　　　宜入世界种族与民族表 379。
[371.7]　　沙特阿拉伯人
　　　　　　　宜入世界种族与民族表 384。
[371.8]　　科威特人
　　　　　　　宜入世界种族与民族表 383。
372　　　阿富汗人
372.1　　　哈扎拉人
372.2　　　艾马克人
372.3　　　普什图人
372.4　　　杜兰尼人
372.5　　　吉尔扎伊人
373　　　伊朗人（波斯人）
373.1　　　马赞达兰人
373.2　　　吉兰人
373.3　　　卢里人
373.4　　　巴赫蒂亚里人
373.5　　　卡什凯人
374.1　　　土耳其人
374.2　　　库尔德人

374.3	切尔克斯人
376	叙利亚人
377	伊拉克人
378	黎巴嫩人
379	约旦人
381	巴勒斯坦人
382	犹太人
383	科威特人
384	沙特阿拉伯人
385	卡塔尔人
386	巴林人
388	阿曼人
393	也门人
399	西亚其他民族
4	**非洲各民族**
401	**闪米特人**
402	**库希特人**
403	**尼罗特人**
404	**尼格罗人**
405	**班图尼格罗人(班图人)**
406	**苏丹尼格罗人**
41	**北非各民族**
411	埃及人
412	苏丹人
412.1	努比亚人
412.2	丁卡人
412.3	贝扎人
413	利比亚人
414	突尼斯人
415	阿尔及利亚人
416.1	摩洛哥人
416.2	柏柏尔人
419	北非其他民族

42		**东非各民族**
		东北非各民族入此。
421		埃塞俄比亚人
421.1		安哈拉人
421.2		加拉人
421.3		蒂格赖人
421.4		蒂格雷人
421.5		锡达莫人
422		索马里人
423		吉布提人
424.1		基库尤人
424.2		卡伦津人
424.3		卢希亚人
424.4		洛人
425		坦桑尼亚人
425.1		斯瓦希里人
425.2		马赛人
426.1		图尔卡纳人
426.2		干达人
426.3		阿乔利人
426.4		兰戈人
427		卢旺达人
429		东非其他民族
43		**西非各民族**
431		毛里塔尼亚人
432		摩尔人
434		沃洛夫人
435		曼德人
436		富拉尼人
437.1		伊博人
437.2		约鲁巴人
437.3		卡努里人
438		巴米累克人
439.1		莫西—格鲁西人
439.2		阿肯人

439.3	埃维人	
439.4	桑海人	
439.5	豪萨人	
439.6	芳人	
439.9	西非其他民族	
46	**中非各民族**	
461	巴吉尔米人	
462	班达人	
463.1	阿赞德人	
463.2	巴刚果人(刚果人)	
463.3	巴特克人	
463.4	芒戈人	
463.5	班加拉人	
463.6	鲁巴人	
463.7	隆达人	
463.8	尼格利罗人	
469	中非其他民族	
	俾格米人等入此。	
47	**南部非洲各民族**	
471.1	马夸人	
471.2	聪加人	
472	马拉维人	
473.1	本巴人	
473.2	通加人	
474.1	班本杜人	
474.2	奥文本杜人	
475	绍纳人	
477.1	奥万博人	
477.2	霍屯督人(科伊桑伊人)	
477.3	布须曼人(桑人)	
478.1	茨瓦纳人	
478.2	祖鲁人	
478.3	科萨人	
478.4	阿非利坎人(布尔人)	
478.5	索托人	

479	斯威士人	
482	马达加斯加人	
484	毛里求斯人	
489	南部非洲其他民族	

5　　　欧洲各民族
51　　　东欧、中欧各民族

510.1	斯拉夫人
	参见世界种族与民族表543.1。
510.2	西斯拉夫人
510.3	东斯拉夫人
510.5	吉普赛人(茨冈人)
511.3	乌克兰人
511.4	白俄罗斯人
511.5	摩尔达维亚人
511.6	爱沙尼亚人
511.7	拉脱维亚人
511.8	立陶宛人
512.1	俄罗斯人
	参见中国民族表44。
512.2	哥萨克人
512.3	卡累利阿人
512.4	莫尔多瓦人
512.5	马里人
512.6	科米人
512.71	乌德穆尔特人
512.72	楚瓦什人
512.73	鞑靼人
512.74	巴什基尔人
512.75	车臣人
512.76	印古什人
512.77	达格斯坦人
512.78	阿瓦尔人
512.79	卡尔梅克人
512.81	卡拉尔帕克人

512.82	图瓦人
512.83	布里亚特人
512.84	雅库特人
513	波兰人
515	匈牙利人（马扎尔人）
516.1	德意志人
516.2	卢日支人
519	卢森堡人
521	奥地利人
522.1	瑞士人
522.2	雷托罗曼人
523	列支敦士登人
524	捷克人
525	斯洛伐克人
529	东欧、中欧其他民族
53	**北欧各民族**

斯堪的纳维亚人入此。

531	芬兰人
532	瑞典人
533.1	挪威人
533.2	拉普人
534.1	丹麦人
534.2	法罗人
535	冰岛人
539	北欧其他各民族
54	**南欧各民族**
541	阿尔巴尼亚人
542	罗马尼亚人
543.1	南斯拉夫人

参见世界种族与民族表510.1。

543.2	塞尔维亚人
544	保加利亚人
545	希腊人
546	意大利人
548	圣马力诺人

549	马耳他人
551.1	西班牙人
551.2	加利西亚人
551.3	加泰隆人
551.4	巴斯克人
552	葡萄牙人
553	安道尔人
554	阿罗蒙人
555.2	黑山人
555.3	克罗地亚人
555.4	斯洛文尼亚人
555.5	南斯拉夫穆斯林人

〈4 版类号:555.52〉

{555.51}	黑山人

〈停用;5 版改入世界种族与民族表 555.2〉

555.6	马其顿人
559	南欧其他民族
56	**西欧各民族**
561.1	英格兰人
561.2	苏格兰人
561.3	威尔士人
561.4	奥尔斯特人
561.5	盖尔人
562	爱尔兰人
563.1	荷兰人
563.2	弗里斯人
564.1	佛拉芒人(比利时人)
564.2	瓦隆人
565.1	法兰西人
565.2	布列塔尼人
565.3	科西嘉人
565.4	阿尔萨斯人
566	摩纳哥人
[567]	卢森堡人

宜入世界种族与民族表 519。

| 569 | 西欧其他民族 |

6	**大洋洲各民族**
61	**澳大利亚、新西兰和巴布亚新几内亚各民族**
611.1	澳大利亚人

澳大利亚土著人入此。

611.2	阿兰达人
611.3	塔斯马尼亚人
612.1	新西兰人
612.2	毛利人
613.1	巴布亚人
613.2	塔皮罗人
619	其他民族

63	**波利尼西亚人**
636	托克劳人
638	萨摩亚人
639	汤加人
641	库克岛人
642	纽埃人
644	塔西提人
646	图瓦卢人
[647]	夏威夷人

宜入世界种族与民族表 712.2。

| [648] | 复活节岛人 |

宜入世界种族与民族表 784.2。

| 649 | 其他民族 |

瓦利斯人入此。

65	**密克罗尼西亚人**
651	查莫罗人
652.1	加罗林人
652.2	雅浦人
653	马绍尔人
654	关岛人
655	瑙鲁人
656	吉尔伯特人

659		其他民族
66		**美拉尼西亚人**
661		斐济人
662		所罗门人
663		瓦努阿图人
664		新喀里多尼亚人
669		其他民族
7		**美洲各民族**
71		**北美各民族**
710.1		北美印第安人
710.2		阿尔衮琴人
710.3		易洛魁人
710.4		阿塔帕斯卡人
711		加拿大人
712.1		美利坚人
712.2		夏威夷人
712.3		美国黑人
712.5		因纽特人(爱斯基摩人)
712.6		阿留申人
719		北美其他民族
73		**拉丁美洲和中美洲各民族**
731.1		墨西哥人
731.2		阿兹特克人
732		玛雅人
733		基切人
734		奇布查人
741		危地马拉人
742		洪都拉斯人
744		萨尔瓦多人
745		尼加拉瓜人
746		哥斯达黎加人
747		巴拿马人
749		中美其他民族

75	**西印度群岛各民族**
751	古巴人
752	海地人
753	多米尼加人
754	牙买加人
755	波多黎各人
759	瓜德罗普人
761	马提尼克人
762	巴巴多斯人
767	特立尼达和多巴哥人
768	巴哈马人
769	加勒比人
769.9	西印度群岛其他民族
77	**南美各民族**
770.1	南美印第安人
770.2	克丘亚人(奇楚亚人)
770.3	艾玛拉人
770.4	印加人
770.5	巴塔哥尼亚人
770.6	火地人
771	圭亚那人
772	苏里南人
774	委内瑞拉人
775	哥伦比亚人
776	厄瓜多尔人
777	巴西人
778	秘鲁人
779	玻利维亚人
781.1	巴拉圭人
781.2	瓜拉尼人
782	乌拉圭人
783	阿根廷人
784.1	智利人
784.2	复活节岛人
789	南美其他民族

七、中国民族表

1.凡主表中已注明"依中国民族表分"的,均用本表复分。

2.凡主表中未注明"依中国民族表分",而需用本表复分时,中国民族号码前需先加中国民族号"2",并用民族区分标识""。例:中国苗族竹编制品号码为TS959.2"216"。

11	汉族
12	蒙古族

参见世界种族与民族表311。

13	回族
14	藏族
15	维吾尔族
16	苗族

参见世界种族与民族表333.6。

17	彝族
18	壮族(僮族)

参见世界种族与民族表336。

19	朝鲜族

参见世界种族与民族表312。

21	满族
22	达斡尔族
23	鄂温克族
24	鄂伦春族
25	赫哲族
31	土族
32	撒拉族
33	东乡族
34	保安族
35	裕固族
36	哈萨克族

参见世界种族与民族表361。

37	柯尔克孜族
38	乌孜别克族

　　　　　　　参见世界种族与民族表362。
41　塔吉克族
　　　　　　　参见世界种族与民族表365。
42　塔塔尔族
43　锡伯族
44　俄罗斯族
　　　　　　　参见世界种族与民族表512.1。
51　瑶族
　　　　　　　参见世界种族与民族表333.3。
52　白族(民家)
53　傣族
　　　　　　　参见世界种族与民族表336。
54　哈尼族
55　佤族
56　傈僳族
57　纳西族(么些)
58　拉祜族(倮黑)
59　景颇族
61　布朗族(濮曼)
62　阿昌族
63　怒族
64　德昂族(崩龙)
65　独龙族
66　普米族
67　门巴族
68　布依族(仲家)
69　水族(水家)
71　仡佬族
72　侗族
73　土家族
74　羌族
75　仫佬族
76　毛南族(毛难)
77　珞巴族
78　基诺族

81	黎族
82	京族

    参见世界种族与民族表 333.1。

83	畲族
84	高山族

    泰雅族、赛夏族、布农族、邹族、鲁凯族、排湾族、卑南族、阿美族和雅美族等入此。

85	苦聪人
86	僜人
99	古代民族

    参见《中国分类主题词表》K289 对应的古民族主题词。

八、通用时间、地点和环境、人员表

1.本表主要适用于图书资料的复分。各馆可根据实际需要斟酌使用。

2.使用本表时,需用区分符号"〈 〉"加以复分。例:《冬季温度预报》的编号为 P457.3〈114〉。

3.若在主表中已列有专类者,不再用本表相关类目复分。例:《老年口腔疾病》为 R787,而不用 R78〈725〉。

4.具有本复分表中两种以上特征的文献,只可选择其中主要的一种加以复分;若不易区分主次时,按编列在后的类目复分。

1	通用时间
11	季度
111	春
112	夏
113	秋
114	冬
115	旱季
116	雨季
12	昼夜
121	昼
125	夜
13	时间
131	秒、分、小时
133	日
134	周
135	月
136	年
137	工作时间
138	学习时间
139	休息时间(业余时间)
14	分期
141	准备期

143		初期(早期、前期)
145		中期
147		晚期(后期)
15	时期	
151		过去
152		现在、近期
153		未来、远期
161		和平时期
162		战争时期
163		停战时期
164		恢复时期、过渡时期
3	**通用地点**	
31	方位区分	
311		东
312		东南
313		南
314		西南
315		西
316		西北
317		北
318		东北
32	部位区分	
321		内部
322		中部
323		外部
324		周围、附近
325		国内、境内
326		国外、境外
5	**环境**	
51	物理环境	
		磁、电、辐射等环境入此。
52	化学环境	
		碱性、酸性、腐蚀性等环境入此。
53	自然环境	

地质、气候、生态、灾害等环境入此。

54　　　航空航天环境
55　　　人文环境
　　　　　　社会、经济、信息等环境入此。

7　人员

71　　按性别分
711　　　男人
712　　　女人
713　　　性别异常者
　　　　　　双性人、变性人等入此。
72　　按年龄分
723　　　少年、儿童
　　　　　　婴幼儿、未成年人等入此。
724　　　青年、成年
　　　　　　总论青少年入此。
725　　　中老年
73　　按文化程度分
731　　　高等教育水平
733　　　中等教育水平
735　　　初等教育水平
737　　　文盲、半文盲
74　　按家庭关系分
741　　　配偶
742　　　子女
　　　　　　养子女、孙子女等入此。
745　　　父母
　　　　　　继父母、养父母、祖父母等入此。
747　　　兄弟、姐妹
749　　　其他
75　　按婚姻和家庭状况分
751　　　未婚者
　　　　　　单身等入此。
752　　　已婚者
　　　　　　再婚者、复婚者等入此。
753　　　离婚、丧偶者

756	单亲家庭
757	孤儿、孤老家庭
759	其他

    重婚者、情人、二奶、未婚同居者、同性婚姻家庭等入此。

| 76 | **按健康状况分** |
| 762 | 疾病患者 |

    精神疾病患者入此。

| 763 | 残疾人 |

    盲人、聋哑人、肢体残疾者等入此。

769	其他
77	**按社会、经济和宗教状况分**
771	社会上层
772	中产阶层
773	社会底层、弱势群体

    经济困难者、流浪者、乞丐、贫民、奴隶、雇工等入此。
    失业者入通用时间、地点和环境、人员表787。

776	佛教、道教徒
777	伊斯兰教(回教)徒
778	基督教徒
779	其他教徒
78	**按职业分**
781	专业技术人员

    科学、教育、文化、卫生、体育、经济、法律等专业技术人员入此。
    参见 K825。

| 782 | 国家机关工作人员 |

    公务员等入此。

| 783 | 企事业工作人员 |

    职员、办事人员、雇员、私营企业主、管理人员、商业及服务性工作人员等入此。

| 785 | 农业生产者 |

    农民、渔民、牧民等入此。

| 786 | 产业工人 |

    农民工、技术工人等入此。

787	无业、失业人员
788	军人
789	其他

    自由职业者等入此。

| 79 | 其他 |

参 考 文 献

《测绘词典》编辑委员会编,1981.测绘词典[M].上海:上海辞书出版社.
《测绘学叙词表》编辑委员会编,2003.测绘学叙词表[M].北京:测绘出版社.
董绍杰,王敏,许静华,等,2010.中国图书馆分类法(第四版)P大类修订综述[J].图书馆建设,2010(6):61-64.
高俊,2012.地图学寻迹[M].北京:测绘出版社.
国务院学位委员会,1997.授予博士、硕士学位和培养研究生的学科、专业目录.
《海军大辞典》编审委员会,1993.海军大辞典[M].上海:上海辞书出版社.
海洋测绘词典编辑委员会,1999.海洋测绘词典[M].北京:测绘出版社.
罗聚胜,杨晓明,2001.地形测量学[M].北京:测绘出版社.
宁津生,陈俊勇,李德仁,等,2008.测绘学概论[M].第2版.武汉:武汉大学出版社.
全国科学技术名词审定委员会编,2010.测绘学名词[M].第3版.北京:科学出版社.
全国科学技术名词审定委员会编.测绘学名词[M].(第四版审定稿,待出版).
王家耀,2006.地图学原理与方法[M].北京:科学出版社.
王小同,2007.中国军事百科全书(军事测绘分卷)[M].北京:中国大百科全书出版社.
张正禄,2005.工程测量学[M].武汉:武汉大学出版社.
中国地震局,《中国图书馆分类法》编辑委员会编,2010.中国图书馆分类法·地震学专业分类表[M].北京:海洋出版社.
中国国家标准化管理委员会编,2009.学科分类与代码:GB/T13745—2009[M].北京:中国标准出版社.
中国海军百科全书编审委员会,1998.中国海军百科全书:下册[M].北京:海潮出版社.
中国海军百科全书编审委员会.中国海军百科全书[M].(第二版审定稿,待出版).
《中国图书馆分类法》编辑委员会编,1995.中国图书馆分类法·测绘学专业分类表[M].北京:测绘出版社.
《中国图书馆分类法》编辑委员会编,1999.中国图书馆分类法[M].第4版.北京:国家图书馆出版社.
《中国图书馆分类法》编辑委员会编,2010.中国图书馆分类法[M].第5版.北京:国家图书馆出版社.

编 后 记

本次修订工作是在中国测绘地理信息学会测绘学名词审定工作委员会、科技信息网分会和《中图法》编委会的组织领导下，集合武汉大学图书馆信息分馆、信息工程大学图书馆、西安测绘研究所资料室、海军海洋测绘研究所资料室、测绘出版社科技教育出版分社和中国测绘科学研究院信息中心等全国测绘科技信息单位专家，结合国内各单位测绘文献工作的实际，广泛征求了测绘学各专业专家的意见，充分考虑了测绘科学技术现代发展的成果，在《中图法》(第五版)的框架下，针对《测绘学专业分类表》(以下简称"《分类表》")(第一版)存在的问题进行补充、调整、修改，历时五年，数易其稿而成。

《分类表》(第一版)共有各级类目168个，此次修订后的《分类表》(第二版)各级类目有213个(新增53个，含新增交替类目3个；删除8个)，相比第一版增加了45个。各级类目修改43个(含2处使用类目改为交替类目，1处交替类目改为使用类目)。各级注释修改25个，新增53个，删除9个。除以上修订内容外，还纠正第一版错误4处。

《分类表》(第二版)的编制修订工作，得到了国家测绘地理信息局、中国测绘地理信息学会和中国测绘科学研究院的大力支持，《中图法》编委会卜书庆同志在编制技术、疑难问题处理等方面给予了悉心指导和帮助。卜书庆、汪东波、毛雅君和杨慧等图书文献专家对《分类表》送审稿进行了认真的审定。测绘界的高俊、杨元喜、魏子卿、李建成、陈永奇、廖克、周一、李莉、王华、易慧、秘金钟、洪志刚、洪立波、王晏民、文汉江、李广云、苏振礼、翟国君、孙万民、张坤、程鹏飞、范大昭、杨俊志、吴晓平、孙付平、余旭初、冯伍法、孙群、万刚、刘海砚、白玲、蒋理兴、付子傲、王同合、杜兰、宋立杰、刘玉峰、江刚武、贾小林、徐天河、蒋庆仙、金标仁、柳建乔、张燕燕、周克勤、刘军、王耀华、姚承宽、周余红等专家对《分类表》(第二版)提出了宝贵的修改意见和建议，在此一并致以诚挚的感谢！

由于条件所限，《分类表》(第二版)的修订工作难免存在不够完善和不妥之处，希望读者在使用过程中及时提出，以便今后讨论修订。

《中国图书馆图书分类法·测绘学专业分类表》(第二版)编委会
2017年2月